（宋）黄昇 輯

宋本中興以來絶妙詞選

第二册

國家圖書館出版社

第二册目録

卷五

劉德脩十首 …… 三

李子大一首 …… 六

李子清二首 …… 七

李子永一首 …… 八

李子召一首 …… 八

李子秀一首 …… 九

劉改之十首 …… 九

劉叔擬十七首 …… 一四

嚴次山三十首 …… 二二

嚴少魯二首 …… 三三

卷六

馬莊父十一首 …… 三五

姜堯章三十四首 …… 三九

高賓王二十首 …… 五四

卷七 史邦卿十七首……六一
卓稼翁三首……六八
崔正子一首……六九
魏華父四首……六九
劉潛夫四十二首……七一
劉伯寵五首……八八
卷八 劉叔安二十二首……九三
施乘之一首……一〇一
戴式之十首……一〇二
盧申之二十四首……一〇七
李公甫一首……一一六
卷九 張宗瑞二十一首……一一九
宋謙父六首……一二六
王子文一首……一二九
曹西士一首……一二九
李俊明一首……一三〇
趙用父一首……一三一

黄子魯一首……一三一
潘庭堅一首……一三二
吴毅甫十三首……一三二
王實之七首……一三九
方千里三首……一四三
劉靜甫五首……一四四

卷十

劉圻之八首……一四七
吴君特九首……一五〇
陳敬叟二首……一五四
馮熙之五首……一五五
馮偉壽六首……一五八
李耘叟一首……一六一
連可久一首……一六一
洪叔璵十六首……一六二

附録

黄叔暘三十八首……一六八

中興詞選

卷五之七

絶妙詞選卷之五

宋詞

劉德脩 名光祖號後溪蜀之名士有鶴林文集小詞附焉

鵲橋仙 留別

相逢一笑又成相避南鴈歸時霜透明朝人在短亭西看舞袖双三行酒歌声此処秋声何処幾度乱愁搔首如何不寄一行書有万緒千端別後

昭君怨 別恨

人在醉鄉居住記得舊曾來去蹤雨聽芭蕉夢魂遥 惆悵柳烟何処目送落霞江浦明夜月當樓照人愁

江城子 梅花

十分真意却成霜暮雲黄月微茫只有梅花依舊吐幽芳還

黄(?)九(?)邊(?)春信漏踪影下覓浮香　才清端是紫薇郎別鵷行

憶宮墻夜半胡為人与月交相君合召歸吾老矣月隨去照

西廂

洞仙歌　荷花

晚風收暑小池塘荷淨獨倚胡床酒初醒起徘徊時有香氣

吹來雲藻乱葉底游魚動影　空擎承露蓋不見冰容惆悵

明粧曉鸞鏡後夜月凉時月淡花低幽夢覓欲憑誰省巨(?)應(?)

記臨流凭闌干便遥想江南紅酣千頃

長相思　別意

玉樽凉玉人凉若聽離歌須斷腸休教成鬢霜　畫橋西畫

橋東有淚分明清漲同如何留醉翁

水調歌頭　旅思

客夢一回醒三度碧梧秋仰看今夕天上河漢又西流早晚

凉風過鴈驚落空堦一葉急雨關清溝歸計休令暮雪霑征裘 古來今生老病許多愁鄉堪史説无限功業鏡中塵只有青山髙致對此還論世事峯白与君浮送我一盃酒謹起舞凉州

臨江仙 春思

小院回廊春寂〻晚來獨自閑行菁蘼東畔碧雲生也知无兩空滴枕邊声 一簇小桃開又落低頭拾取紅英東風相送忘相迎梨花寒食到得錦宮城

臨江仙 自詠

我似万山千里外悠然一片歸雲宦街猶自帶云〻誰知於進士巳是故將軍 閑坐閑行閑飲酒閑拈閑字閑文諸公留我笑紛〻 一枝簪宝髻六幅舞羅裙

踏莎行 春暮

掃徑花零閉門春晚恨長无柰東風短起來消息探荼蘼雪
條玉蕊都開遍 晚月魂清夕陽香遠故山别後誰拘管多
情於此更情多一枝嗅罷還重撚

醉落魄 春日懷故山

春風開者一時還共春風謝柳條送我今槐夏不飲香醪孤
負人生也 曲塘泉細幽琴寫胡床滑簟應无價日遲睡起
簾鉤掛何不歸歟花竹秀而野

李子大

名洪家世同登桂籍踏朊仕號淮甸儒族子
大其弟漳泳涂淛皆以文鳴有李氏花萼詞
五卷其姪直倫為之序廬陵人

念奴嬌 曉起觀落梅

釁譙吹角漸踈星明滅簾篩殘月娟娟霜飈欺翠袖飛下一
庭香雪半面粧新迴風舞困此必真奇絶梲榔林裏蘇仙偏

感華髮　休怨時暫飄零玉堂清夢不惹閑蜂蝶好似一王家
叢竹畔東與山陰時節剪水无情閑風歸去忍使芳心[illegible]和
羨有待恁時身到天闕

李子清 名漳

鵲橋仙 七夕

遥〻郎意盈〻妾恨今夕鵲橋欲度世間兒女一何癡闘乞
巧紛〻无數　遥知此際有人孤坐心切天街雲路好因緣
是惡因緣夢魂遠陽臺雨暮

桃源憶故人 閨情

小樓簾捲闌干外花下朱門半啓中有傾城佳麗一笑西風
裏　盈〻臨水情難致盡日相看如醉乾鵲不知人意只管
声〻喜

李子永 名泳

賀新郎 感舊

門掩長安道掩重簾垂楊散暑嫩凉生早午夢驚回庭陰翠蝶舞鶯吟未了政露冷芙蓉池沼金鴈塵昏么絃斷理餘音向想腰支裊歡漸遠思還繞 臨皋望極滄江渺曉潮平湘烟万頃斷虹殘照綵舫凌波分飛後別浦蓼花白老問錦鯉何時重到樓迥層城看不見對瀟瀟暮雨憐芳草幽根闊楚天杳

李子召 名洤

滿庭芳 送張守蔆卿赴召

麥秀連雲桑枝重緑安君生政流傳鳳銜丹詔來自九重天

千里歡騰祖帳崇陰外多少攀轅溱亭路繞如五鼓韃駐䍐
侯船　光華家世事門中列戟地上遺編兆建炎勳業畫
凌烟此去朝端濟美看平步兩兩台躡須知道中興盛治
主聖賴臣賢

李子秀 名溯

踏莎行 送新城交代李達善

紅藥香殘綠筠粉嫩春歸何處尋春信綉鞍初上馬蹄輕峯
頭便覓長安近　別酒无情啼粧有恨山城向晚斜陽褪清
江極目帶寒烟錦鱗去後憑誰問

劉改之

名過太和人稼軒之客王簡卿侍郎嘗贈以
詩云觀渠論到前賢處據我看來近世无其
詞多壯語蓋學稼軒者也号龍洲道人

賀新郎　懷舊

老去相如倦問文君説似而今怎生消遣衣袂京塵曾染処空有香紅尚軟料彼此魂消腸斷一枕新涼眠客舍聽梧桐踈雨秋声顫灯暈冷記初見　樓低不放珠簾捲晚粧殘翠鈿狼藉淚痕凝臉人道愁來須殢酒无奈愁深酒淺但寄与焦琴紈扇莫鼓琵琶江上曲怕荻花楓葉俱淒怨雲万疊寸心遠

賀新郎　遊西湖

睡覺啼鶯曉醉西湖兩峰日〻買花簪帽去尽酒徒无人問惟有玉山自倒任拍手兒童爭笑一舸乘風翩然去避魚龍不見波声悄歌韻遠喚蘇小　神仙路近蓬萊島紫雲深參差禁樹有烟花遶人世紅塵西障日百計不如帰好付樂事与它年少費尽柳金梨雪句問沉香亭北何時召心未愜鬢

先老

賀新郎　贈張彥先

曉印霜花步夢半醒扶上彫鞍馬嘶人去嵗濕青絲双轡冷綏轡野梅江路聽昼角吹殘更鼓悲壯寒声撩客恨甚貂裘重擁愁无數霜月白照離緒　青樓回首家何処早山遥水闊天低斷腸烟樹誰念天涯牢落况輕負暖雲濃雨記酒醒香銷時語咨裹帰鸞須草發怕天寒風急相思苦應為我翠眉聚

賀新郎

多病劉郎瘦最傷心天寒嵗晚客它鄉久大舸翩翩何許至元是高陽舊友便一笑相歡携手為問武昌城下月定何如楊子江頭柳追往事兩眉鬬　燭花細剪明於晝喚青娥小紅樓上殷勤勸酒盼盼琵琶恩怨語春筍輕攏翠袖看舞徹

金釵微溜若見故鄉吾父老道長安市上狂如舊重會面幾

時又

念奴嬌 自述

知音者少筭乾坤許大着身何処直待功成方肯退何日可尋歸路多景樓前垂虹亭下一枕眠秋雨虛名相誤十年枉費辛苦 不是奏賦明光獻書北闕无驚人之語我自匆忙天未許賺得衣裾塵土白璧堆前黃金買笑付与君爲主蓴鱸江上浩然明日歸去

糖多令 再過武昌

蘆葉滿汀洲寒沙帶淺流二十年重度南樓柳下繫船猶未穩能幾日又中秋 黃鶴斷磯頭故人曾到不舊江山都是新愁欲買桂花重載酒終不似少年游

水調歌頭 春半

春事能幾許密葉着青梅日高花困海棠風暖想都開不惜
春衣典盡只怕春光歸去片片點蒼苔能得幾時好追賞莫
徘徊 雨飄紅風換翠苦相催人生行樂且須痛飲莫辭杯
坐則高談風月醉則恣眠芳草醒後亦佳哉湖上新亭好何
事不曾來

水調歌頭 自述

弓劍出榆塞鉛槧上蓬山得之渾不費力失亦匹如閒未必
古人皆是未必今人俱錯世事沐猴冠老子不分別內外与
中間 酒須飲詩可作莫休彈人生行樂何自催得鬢毛斑
達則牙旗金甲窮則蹇驢破帽莫作兩般看世事只如此自
有識鷄鳶

天仙子 初赴省別妾

別酒醺醺渾易醉回過頭來三十里馬兒不住去如飛牽一

甜坐一甜熟断送殺人山共水　是則青衫終可喜不道恩情
拚得未雪迷村店酒旗斜去則是住則是煩惱自家煩惱你

沁園春　風雪中欲詣稼軒久寓湖上未能一往因
賦此詞以自解

斗酒彘肩風雨渡江豈不快哉被香山居士約林和靖與坡仙等勒駕于回坡謂西湖正如西子淡粧濃抹臨照臺二公者皆掉頭不顧只管傳杯　白云天竺去來看金碧崔嵬樓觀開況一澗縈于東西水遶兩山南北高下雲堆逋曰不然暗香浮動何似孤山先放梅須晴去訪稼軒未晚且此徘徊

劉叔擬

名仙倫廬陵人自號招山有詩集行于世樂章尤爲人所膾炙吉州刊本多遺落今以家藏善本選集

賀新郎　壽王侍郎簡卿

小隊停鉦鼓向沙邊柳下維舟慶公初度平尽群蠻方易鎮此事多應有數恭自古功成人如君者樂羊中山役任譖書盈篋終无撼千載下竟誰与 詩中帶得西山兩指天台鴈蕩歸故壽鄉深處緩急朝廷須公出更作中流砥柱笑癡騃紛〻兒女多少人間不平事有皇天老眼能區処揮至竿聽金縷

賀新郎 題吳江

重唤松江渡嘆垂虹亭下銷磨幾番今古依舊四橋風景在爲問坡仙甚処但遺愛沙邊鷗鷺天水相連蒼茫外更碧雲去尽山无數潮正落日還暮 十年到此長凝竚恨无人与共秋風鱠絲蓴縷小轉朱絃彈九奏擬致湘妃伴侶俄皓月飛來烟渚垙若乘槎河漢上怕客星犯斗蛟龍怒歌欵乃過江去

賀新郎 洪守席上詠牡丹

翠蓋籠嬌面記當年沈香亭北醉中曾見二子風流傾國艷紅紫紛二過眼算好処何嫌春晚誰把天香和曉露倩東風特地勻芳臉千万朵一時遍 隔花聽取提壺勸道此花過了春歸蝶愁鶯怨挽住東君須醉倒花底不妨留戀待喚取笙歌一片最愛就中紅一朵似妝兀得意春風殿還惹起少年恨

賀新郎 贈建康鄭玉勝籍

鄭玉非娼女嘆塵緣未了飄零被春留住腸斷胭脂坡下路成甚心情意緒生怕入梨園歌舞寂寞陽臺雲雨散算人間誰見吹簫侶空買斷兩眉聚 新來鏡裏驚如許暗傷懷鶯老花殘幾番春暮事逐孤鴻都已往月落千山杜宇念脩竹天寒何処不念瑣窗并綉戶[illegible]命薄甘荊布誰爲作解

僚王

念奴嬌　送張明之赴京西幕

艅艎東下望西江千里蒼茫烟水試問襄州何處是雉堞連雲天際叔子殘碑卧龍陳迹遺恨斜陽裏後來人物如君瓌偉能幾　其肯爲我來耶河陽下士正自強人意勿謂時平无事也便以言兵爲諱眼底山河樓頭鼓角都是英雄淚功名機會要須閑暇先備

念奴嬌　感懷呈洪守

吳山青處恨長安路斷黄塵如霧荊楚西來行塹遠北過淮堧嚴扃九塞貔貅三關虎豹空作陪京固天高難叫若爲得訴忠語　追念江左英雄中興事業枉被姦臣誤不見翠華移蹕處枉負吾皇神武擊楫憑誰問籌无計何日寬憂顧倚節長嘆滿懷清淚如雨

念奴嬌 長沙趙帥席上作

西風何事爲行人掃蕩煩襟如洗垂漲蒸瀾都卷盡一片瀟湘清泚酒病驚秋詩愁入鬢對景人千里楚宮故事一時分付流水 江上買取扁舟排雲湧浪直過金沙尾歸去江南丘壑處不用來尋月姊風露盃深芙蓉裳冷笑傲烟霞裏草廬如舊卧龍知爲誰起

滿江紅 題快閣和徐宰韻

快閣東西鷗邊問晚晴可喜鷗解語既盟之後兩翁曾解笛弄慣聽黃曾直後人深識徐淵子添我來相對兩忘機其相似也不種閑桃李也不戢佳山水有新詩字二三爱民而已朝是

○滿江紅 春晚

一片心閑秋月外三年人在春風裏漲一篙江水送歸鴻明

劉叔贑

著意留春留不住春歸難恐最苦是梅天煙雨変秋庭院嫩竹陰濃鶯出谷桑柔采尽蚕成繭柔沈腰寛尽有誰知難消遣 幽閣根双眉斂香牋寄飛鴻遠向風簾蓋見一双歸燕翠被閑將情做夢青楼賺得恩成怨對尊前莫惜喚瓊姬持盃勸

木蘭花慢 秋日海棠

漸秋空向晚被風雨攢重陽正木落踈林海棠枝上忽見紅粧料應妬它蘭菊甚年年獨自占秋光故把春風嬌面向人逞艶呈芳 看來畢竟此花強秪是欠些香誚一似當年五陵公子却厭膏粱肯來水邊竹下与幽人相對説凄凉只恐夜深花睡五更微有清霜

霜天曉角 題蛾眉亭

倚空絶壁直下江千尺天際両蛾凝黛愁与恨幾時極 暮

潮風正急酒醒聞塞笛試問謫仙何处青山外遠烟碧

訴衷情 客中

征衣薄〻不禁風長日兩絲中又是一年春事花信到梧桐雲漠〻水溶〻去匆〻客懷今夜家在江西身在江東

江神子 洪守出歌姬就席口占

華堂深处出娉婷語声輕笑声清燕語鶯啼一〻付春情恰似洛陽花正發見花好不知名 金甌盛酒玉纖擎滿盈〻勸深〻不怕主人教你十分斟只怕酒闌歌罷後人不見暮山青

繫裙腰 愁別

山兒矗〻水兒清船兒似葉兒擺風兒更没人情月兒明厮合造送行人 眼兒蔌〻淚兒傾灯兒更吟音〻遭逢着鳫兒又没前程一声〻怎生得夢兒成詞儇薄而意優柔

永遇樂 春莫有檃

青幄蔽林白氈鋪徑紅雨迷楚畫閣関愁風簾捲恨尽日懨懨情緒陽臺雲去文園人病寂寞翠蓴彫姻惜韶容匆匆易失芳叢對眼如霧　巾欹潤裛衣寛涼滲又覓漸向驕暑解籜吹香遺丸薦脆小芰浮鴛浦畫欄如舊依稀猶記佇立一鈎蓮步黯銷魂那堪又聽杜鵑更苦

菩薩蛮 怨别

吹簫人去行雲杳香箋翠被都閑了疊損縷金衣是他渾不知　冷烟寒食夜淡月梨花下猶自軟心腸為他燒夜香

菩薩蛮 怨别

東風去了秦楼畔一川烟草无人管芳樹雨初晴黄鸝三兩声　海棠花巳謝春事无多也只有牡丹時知它歸不歸

鄙意濃

嚴次山 名仁樵溪人詞集名清江欸乃杜月渚爲之序其詞極能道閨閫之趣

○賀新郎 寄上官偉長亭云帝舟何時下滄灣孤劍尚客東甌渺二千里寄一曲歌覩物懷人想見臨風激烈也

蘭芷湘東國正愁予一江紅葉水程孤驛欲寫瀟湘無限意那得如椽彩筆但滿眼西風蕭瑟我所思兮何處所在鐔津二上滄灣側誰氏子閬風客　閬風仙客才無敵賦悲秋抑揚頓挫流離沈鬱百賦千詩朝復暮解道波濤春力憶共尒乗槎吹笛八表神遊吾夢見渺洞庭青草烟波隔空悵望楚天碧

賀新郎 清浪軒送春

碧浪搖春渚淺虛簷蒲萄漲綠翠綃掀舞委曲經過基臺下路

戰敗落花東去問花亦漂流良苦花不能言應有恨〻十分
都被春風誤同此恨有飛絮　人生聚散元无據凭欄一
尊相對蘋洲春草嫉色冲〻　空悵望淚盡世間兒女君不見
千金求賦飛燕婕妤今何在看粘雲江影傷千古流不去斷
魂處

賀新郎　送杜子野赴省

說到城南杜尽風流至今人號去天尺五家世聯翩蒼玉佩
自有文章機杼看鴛鳳九霄軒翥文陣堂〻新得雋正少年
壯氣虹蜺吐粘彩筆月城去　出關相送梅千樹雪連空馬
蹄特〻曉寒人度帝里春濃花似海催入明光奏賦須快展
亨衢闊步隨世功名真漫浪要平生所李期无負須記得別
時語

帰朝懽　南劒双溪楼

五月人間揮汗雨離根一襟何処去双溪楼下碧千尋双溪
楼上鉋草峯晚凉生緑樹漁灯幾點依洲渚莫狂歌潭空月
淨慘ニ瘦蛟舞　変化往来无定所求劍刻舟應笑汝尺今
誰是晉司空斗牛奕ニ紅光吐我来空吊古与君同記凭欄
語問滄波乗槎此去流到天河否

帰朝權壽黄禹平知縣

雲表金莖珠璀璨當日投懐驚玉燕文章議論壓西廱風流
姓字翔東觀紫皇嗟見晚祥麟五色留金殿大江西銅章墨
綬暫尓煩君綰　十二金釵扶玉盞錦瑟從ニ隨急管獸炉
烟動彩雲高秋声拍碎紅牙板趣君帰翰苑萊衣換爛斑輿
穩任方瞳從今看到弱水波清淺

帰朝權別意

恭芹緑篸深窈窕閃ニ華旗紅幹小相逢斜柳絆輕舟渚香

不斷蘋花老西風吹夢草題詩來了還驚覺獨傷心凄涼武
館月過西樓悄　樓外斜河低浸小夜已如何夜將曉心期
欲寄赤鱗魚秋雲不動秋江濶相思千里道多情直被无情
惱玉臺前請君試看華髮添多少

水龍吟　題連州翼然亭呈歐守

翼然新榜高亭翰林鐵畫燕公手滁陽盛事何人重繼湟川
太守太守謂誰文章的派醉翁賢胄對千峯削翠双溪注玉
端不減琅琊秀　坐歗清香畫戟聽丁丁滴花晴漏棠陰晝
寂細賡賓客竹枝楊柳只恐明朝綠封趣覲未容借寇佟江
山識賞鹽梅事業煥青氈舊

水龍吟　題天風海濤呈潘料院

飇車飛上蓬萊不須更跨琴高鯉劃然長嘯天風頭洞雲濤
无際我欲乘桴從茲浮海約任公子掛虹竿千丈犗鈎五十

點對連鰲館　誰榜佳名空翠紫陽仙去騎箕尾銀鉤鐵畫
龍拏鳳峙留人間世更憶東山哀第一曲洒沾襟淚到而今
幸有高亭遺愛寓甘棠意

水龍吟　題盱江偉觀

城頭傑觀崢嶸重欄下瞰蒼龍脊鏤珉盤礎彫檀竦桷玲瓏
金碧華子岡頭麻源谷口神仙窟宅道至今清夜月明風冷
常隱隱聞笙笛　翠壁煙霞縹緲更寒泉飛空千尺數峯江
上孤舟天際夕陽紅濕抖擻征塵浩然長嘯跨青鸞翼向鳳
崗西望遙醲斗酒酹文章伯李泰伯墓在鳳皇山下

水調歌頭　上韶州方檢詳時有節制之命

慘淡望京闕慷慨夢天山引杯中夜看劍壯氣剸幽燕鼉鼓
滿天催曙畫角連雲獻月吹斷戍[illegible][illegible]角亦兜馬虎帳綠
熊羆　仗漢節伸大義伐可汗[illegible][illegible]下斧鉞亦子要君安

嚴次山

鐵騎千群觀獵宮樣十眉環座壁碧瀝聽鳴弦莫厭㪚教金盆歸
去已貂蟬

木蘭花慢 征日有懷

東風吹霧雨更吹起袂衣寒正萋〻叢林潭〻伐鼓鬱〻焚
蘭闌干曲多少意看青烟如篆遶溪湾桑柘綠陰猶薄杏桃
紅雨初翻 飛花片〻走潺湲問何日西還嘆擾〻人生紛
〻離合渺〻悲歡想雲軿何処也對芳時應只在人間惆悵
回紋錦字斷腸斜日雲山

蝶恋花 決闕

傑閣青紅天半倚万里帰舟更近闌干艤木落山寒鳧鴈起
一声漁笛滄洲尾 千古文章黄太史押蝨高風長照氷壺
裏何以薦君秋菊蘂癯瓢爲酌西江水

蝶戀花 春情

院静日長花氣暖一簇嬌紅得見春深淺風送生香來近遠
笑声只在秋千畔　目力未窮腸已斷一寸芳心更逐遊絲
乱朱户對開簾捲半日斜江上春風晚

鷓鴣天　怨別

一徑蕭條落葉深離腸凄斷月明砧征鴻送恨連雲起促織
驚秋傍砌吟　風悄〻夜沈〻鴛機坐冷曉霜侵挑成錦字
心相向未必君心似妾心

鷓鴣天　閨思

多病春來事〻慵偶因撲蝶到庭中落紅万疊花經雨斜碧
千條柳困風　深院宇小簾櫳幾年離別恰相逢擎觴未飲
心先醉爲有春愁似酒濃

鷓鴣天　別意

行盡春山春事空別愁離恨滿江東　更鼓潤官楼兩五夜

灯殘客舍風 寒淡〻曉朧〻 黄雞催斷丑時鍾 紫騮嘶勒
金銜響 衝破飛花一道紅

鷓鴣天 惜別

一曲危絃斷客腸 津橋攲柂轉牙檣 江心雲帶蒲帆重 樓上
風吹粉淚香 瑶草碧 柳芽黄 載將離恨過瀟湘 請君看取
東流水 方識人間別意長

鷓鴣天 春思

病去那知春事深 流鶯喚起惜春心 桐舒碧葉壓三寸 柳引
金絲可一尋 攜綉閣 對雲岑 苦無多力懶登臨 翠羅衫底
寒猶在 弱骨難支瘦不禁

鷓鴣天 閨情

高杏酣〻出短墻 垂楊裊〻蘸池塘 文鴛藉草眠春晝 金鯽
吹波弄夕陽 閑倚鏡 理明妝 自翻銀葉炷衙香 鳴鞭已過

青楼曲不是劉郎定阮郎

鷓鴣天 閨情

公子詩成着錦袍王家挑菜舊妖嬈檀槽撥急斜金鴈綵袖
翻低舞翠翹 沈水過爛熏燒十分濃醉十分嬌複羅帳裏
春寒少只恐香酥拍漸消

玉樓春 春思

春風只在園西畔薺菜花繁胡蝶乱氷池晴緑照還空香徑
落紅吹已断 意長翻恨遊絲短尽日相思羅帶緩宝奩
月不欺人明日歸來君試看

○阮郎歸 春思

褪花輕拂紫綿香瓊杯初暖粧貪兒彫檻看鴛鴦无心上綉
床 風絮乱恣輕狂惱人依舊情夢隨殘雨下高唐悠〻春
夢長

巖女山

婆羅門引 春情

花明柳暗一天春色繞朱樓斷鴻声喚人愁欲問鴻帰何処身世自悠〻正東風留滯楚尾呉頭 追思舊遊歎双鬢颯驚秋可惜等閑孤了酒令花籌断絃難續謾題詩分付水東流〻不到蓬島瀛洲

酔桃源 春景

拍堤春水蘸垂楊水流花片香弄花嚙柳小鴛鴦一双随一双 簾半捲露新粧春衫是柳黄倚欄看処背斜陽風流暗断腸

好事近 舟行

暁色未分明敲動月邊鼉鼓卯酒一杯徑酔又別君南浦 春江〻如席照晴空大舶夾双艪腸断斜陽渡口正落紅如雨

訴衷情 章貢別懐

一声水調解蘭舟人間无此愁无情江水東流去与我淚争流　人已遠更回頭苦凝眸断魂何处梅花岸曲小二紅楼

多麗　訳恨

最无端官楼畫角輕吹一声來深閨深处把人好夢驚回許多愁伭教奴受些个事未必君知淚滴蘭衾寒生珠幌翠雲撩乱枕頻欹窗兒上幾條残月斜王界羅帷更堪聽霜摧敗葉静扣朱扉　念別離千里万里問何日是帰期閑情处魚來鴈往断腸是兎走烏飛美景良辰賞心樂事風流孤負綫金衣謾言瓤得花顔玉骨瘦損爲相思帰須早劉郎双鬢莫遣成絲

一落索　春懷

清曉鶯啼紅樹又一双飛去日高花氣撲人來獨自價傷春无緒　別後暗寬金縷倩誰傳語一春不忍上高楼爲怕見

分携処

南柯子

柳陌通雲徑瓊梳啓翠樓桃花紙薄漬氷油記得年時詩句
爲君留　晴綠千層出春紅一半休門前溪水泛花流〻到
西州猶是故家愁

菩薩蠻　双溪亭

征鴻點破空雲碧丹霞染出新秋色返照落平洲半江紅錦
流　風清漁笛晚寸〻愁腸斷寄語笛休横只消三兩声

嚴少魯　名參自號三休昭武人

沁園春　自適

曰歸去來歸去來兮吾將安歸但有東籬菊有西園桂有南
溪月有北山薇蜂則有房魚還有穴蟻有樓臺獸有衣吾應

有雲中舊隱竹裏柴扉　人間征路熹微看処二冊楓白露晞況寒原衰草牛羊來下淡煙秋水鱸鱖初肥自笑平生頽然骨相只合持竿坐釣磯都休也對西風无語落日斜暉

沁園春　題吳明仲竹坡

竹焉美哉愛竹者誰曰君子歟向佳山水処築宮一畝好風煙裏種玉千餘朝引輕霏夕延涼月此外塵埃一點无湏知道有樂其樂者吾愛吾廬　竹之清也何如應料得詩人清矣乎況滿庭秀色對拈彩筆半牕涼影伴讀殘書休説龍吟莫言鳳噦且道高標誰勝渠君試看正遶坡雲氣似渭川圖

妙

絕妙詞選卷之六

宋詞

馬莊父 字子嚴建安人 自號古洲居士

水龍吟 為陳坂種玉庄作

買庄為貯梅花玉妃一万森庭户古來詞客比方不類可憐毫楮誰掃塵凡獨超物表神仙中取是崑丘標致姑山風骨除此外吾誰与 九醖醍醐雪乳和金盤月邊清露壽陽驕騃單于踈賤不堪充數弄玉排簫許瓊揮拍胎禽飛舞待先生披著羊裘鶴氅作園林主

水龍吟 海棠

東君直是多情好花一夜都開尽杏梢零落荼蘼欄遲暮不教爭靜風度秋千日移簾幕翠紅交映正太真浴罷能西施濃抹

都沈醉嬌相稱　鬢邊綠窻銅鏡挽春衫不堪比並暮雲空
谷佳人何处碧谷侵逕睡裏相看酒邊凝想許多風韻問因
何却欠一些香味惹傍人恨

臨江仙　上元

人意舒閑春事到徐〻弄日微雲翠鬟飛繞鬧蛾群烟横沽
酒市風轉落梅村　歲事一新人半舊相逢際晚醺〻花間
亭館柳間門　趁陰風雨外排日醉紅裙

月華清　憶別

瑟〻秋声蕭〻天籟滿庭摇落空翠數遍冊楓不見葉間題
字人何处千里嬋娟愁不斷一江流水遥睇見征鴻幾點碧
天无際　悵望月中仙桂問羈藥佳人誰与同歲把鏡當空
照　別離情意心裏恨莫結丁香琴上曲休彈秋思泪裏又
悲來老去蘭㚑公子

賀聖朝 春遊

遊人拾翠不知遠被子規呼轉紅樓倒影背斜陽隊幾聲絃
管荼蘼香透海棠紅淺恰平分春半花前一笑不須慳待
花飛休怨

魚游春水 怨別

池塘生春草數尺歸鴻人未到天涯目斷青鳥尚賒音耗曉
月頻窺白玉堂暮雨還濕青門道巢燕引雛乳鶯空老庭
際香紅倦掃乾鵲休來枝上噪前回準擬同宅翻成病了欲
題紅葉憑誰寄獨抱孤桐無心挑眉間翠攢鬢邊霜早

海棠春 春景

柳腰暗怯花風弱紅映秋千院落歸逐燕兒飛斜撼真珠箔
滿林翠葉胭脂萼不忍頻頻覷着護取一庭春莫彈花間
鵲

鷓鴣天 閨思

睡鴨裊回烟縷長日高春困不成粧步欹草色金蓮潤撚斷花鬚玉笋香 輕洛浦笑巫陽錦紋親織寄檀郎兒家閉戶藏春色戲蝶遊蜂不敢狂 末二句有深意

歸朝懽 春遊

聽得提壺沽美酒人道杏花深處有杏花狼藉鳥啼風十分春色今无九欝媒銷永晝青门飛上庭前柳盈盈深不寒不煖正是好時候 團團宝月憑纖手暫借歌喉招舞袖真珠滴破小槽紅香肌縮盡纖羅瘦投分須白首黃金散与親和舊日銜盃壯心未落風月長相守

孤鸞 早春

沙堤香軟正宿雨初收落梅飄滿可奈東風暗逐馬蹄輕捲湖波又還漲綠粉墻陰日融烟煖蕙地刺桐枝上有一點春

馬莊父

喚　任酒旆飛動登樓晚便指數燒灯時節非遠陌上叫聲好是賣花行院玉梅對粧雪柳鬧蛾兒象生嬌顫歸去爭先戴取倚寶釵双燕

阮郎歸　西湖春暮

清明寒食不多時香紅漸〻稀番騰粧束鬧蘇堤留春〻怎知　花褪雨絮沾泥凌波寸不移三〻兩〻叫船兒人歸春也歸

姜堯章　名夔號白石道人　中興詩家名流詞極精妙不減清真樂府其間高處有美成所不能及善吹簫自製曲初則率意爲長短句然後協以音律云居鄱陽

探春慢　過苕霅別鄭次臯諸君

衰草愁烟亂鴉送日風沙回旋平野拂雪金鞭欺寒茸帽還

記章臺走馬誰念漂零久謾贏得幽懷難寫故人清沔相逢小窗閑共情話　長恨離多會少重訪問竹西珠淚盈把鴈磧沙平漁汀人散老去不堪遊冶无奈苕溪月又喚我扁舟東下甚日歸來梅花乱零春夜

○一萼紅　人日長沙登定王臺

古城陰有官梅幾許紅萼未宜簪池面冰膠墻腰雪老雲意還又沉沉　翠藤共閑穿徑竹漸笑語驚起臥沙禽野老林泉故王臺榭呼喚登臨　南去北來何事蕩湘雲楚水目極傷心朱戶黏雞金盤簇燕空嘆時序侵尋記曾共西樓雅集想垂柳還褭万絲金待得歸鞍到時只怕春深

○揚州慢　中呂宮

淳熙丙申至日余過維揚夜雪初霽薺麥彌望入其城則四顧蕭條寒水自碧暮色漸起戍角悲吟予懷愴然感慨今昔因自

度此曲千岩老人以爲有黍離之悲也。○ 此後

凡載寫調者並是自製曲

淮左名都竹西佳處解鞍少駐初程過春風十里盡薺麥青青自胡馬窺江去後廢池喬木猶厭言兵漸黄昏清角吹寒都在空城　杜郎俊賞筭如今重到須驚縱豆蔻詞工青樓夢好難賦深情二十四橋仍在波心蕩冷月无声念橋邊紅藥年年知爲誰生

鬲山溪　題錢氏溪月

与鷗爲客綠野留吟屐兩行柳垂陰是當年仙翁手植一亭寂寞烟外帶愁横荷苒苒展涼雲横卧虹千尺　才因老盡秀句君休覓万綠正迷人更愁入山陽夜笛百年心事惟有玉欄知吟未了放船回月下空相憶

點絳唇　丁未冬過吳松

燕雁无心太湖西畔隨雲去數峯清苦商略黄昏雨 第四
橋邊擬共天隨住今何許凭闌懷古殘柳參差舞

暗香 仙呂宮 辛亥之冬予載雪詣石湖止既月授簡索句且徵新声作此兩曲石湖把玩不已使工妓隸習之音節諧婉乃命之曰暗香疏影

舊時月色筭幾番照我梅邊吹笛喚起玉人不管清寒与攀摘何遜而今漸老都忘却春風詞筆但怪得竹外疏花香冷入瑶席 江國正寂〻嘆寄与路遥夜雪初積翠尊易泣紅萼无言耿相憶長記曾携手処千樹壓西湖寒碧又片〻吹尽也幾時見得

疎影 仙呂宮

苔枝綴玉有翠禽小〻枝上同宿客裏相逢籬角黄昏无言自倚脩竹昭君不慣胡沙遠但暗憶江南江北想珮環月夜

歸來化作此花幽獨　猶記深宮舊事那人正睡裏飛近蛾
綠莫似春風不管盈盈早与安排金屋還教一片隨波去又
却怨玉龍哀曲等恁時重覓幽香已入小窗横幅

長亭怨慢　中呂宮　桓大司馬云昔年種柳依依漢
南今看搖落悽愴江潭樹猶如此人何以堪此
語予深愛之

漸吹盡枝頭香絮是處人家綠深門戶遠浦縈回暮帆零亂
向何許閱人多矣誰得似長亭樹樹若有情時不會得青青
如此日暮　望高城不見只見亂山無數韋郎去也怎忘得
玉環分付第一是早早歸來怕紅萼無人爲主算只有并刀
難剪離愁千縷

齊天樂　蟋蟀中都呼爲促織

庾郎先自吟愁賦淒淒更聞私語露濕銅鋪苔侵石井都是

曾聽伊如哀音似訴正思婦无眠起尋機杼曲〻屏山夜凉
獨自甚情緒　西窻又吹暗雨為誰頻斷續相和砧杵候館
吟秋離宮吊月别有傷心无数豳詩謾与笑籬落呼灯世間
兒女寫入琴絲一声〻更苦　宣政間有士大夫製蟋蟀吟

小重山令　潭州紅梅

人繞湘皐月墜時斜横花樹小浸愁漪一春幽事有誰知東
風冷香遠茜裙帰　鷗去昔遊非遥憐花可〻夢依〻九疑
雲杳斷魂啼相思血都沁緑筠枝

鷓鴣天　元夕不出

憶昨天街預賞時柳慳梅小未教知而今正是歡遊夕却怕
春寒自掩扉　簾寂〻月低〻舊情唯有絳都詞芙蓉影暗
三更後卧聽鄰娃笑語帰

鷓鴣天　苕溪記所見

京洛風流絕代人因何風絮落溪津籠鞋淺出鴉頭襪知是凌波縹緲身　紅乍笑綠長嚬与誰同度可憐春鴛鴦獨宿何曾慣化作西樓一縷雲

鷓鴣天　十六夜出

輦路珠簾兩行垂千枝銀燭舞僛〻東風歷〻紅樓下誰識三生杜牧之　歡正好夜何其明朝春過小桃枝鼓声漸遠遊人散惆悵歸來有月知

憶王孫　番陽彭氏小樓

冷紅葉〻下塘秋長与行雲共一舟零落江南不自由兩綢繆料得吟鸞夜〻愁

湘月　双調即念奴嬌之鬲指声也

五湖舊約問經年底事長負清景暝入西山漸喚我一葉夷猶乘興倦網都收歸禽時度月上汀洲冷中流容与畫橈不

點清鏡　誰解喚起湘靈煙鬟霧鬢理哀絃鴻陣玉塵談玄
歎坐客多少風流名勝暗柳蕭ニ飛星冉ニ夜久知秋信鱸
魚應好舊家樂事誰省

念奴嬌　吳興荷花

鬧紅一舸記來時長與鴛鴦爲侶三十六陂人未到水佩風
裳无數翠葉吹凉玉容銷酒更洒菰蒲雨嫣然搖動冷香飛
上詩句　日暮青蓋亭ニ情人不見爭忍凌波去只恐舞衣
寒易落愁入西風南浦高柳垂陰老魚吹浪留我花間住田
田多少幾回沙際歸路

惜紅衣　吳興荷花　无射宮

簟枕邀凉琴書換日睡餘无力細洒冰泉并刀破甘碧墻頭
喚酒誰問訊城南詩客岑寂高柳晚蟬說西風消息　虹梁
水陌魚浪吹香紅衣半狼藉維舟試望故國渺天北可惜柳

邊沙外不共美人游歷閒甚時同賦三十六陂秋色

琵琶仙　　只與感遇

双槳來時有人似舊曲桃根桃葉歌扇輕約飛花蛾眉正奇
絶春漸遠汀洲自緑更添了幾声啼鴂十里楊州三生杜牧
前事休説　又還是宫燭分煙奈愁裏匆匆換時節都把一
襟芳思与空階榆莢千万縷藏鴉細柳爲玉尊起舞回雪想
見西出陽關故人初別

秋宵吟　越調

古簾空墜月皎坐久西窻人悄蛩吟苦漸漏永丁丁箭壺催
曉引凉颸動翠葆露脚斜飛雲表因嗟念似去國情懷暮帆
煙草　帶眼銷磨爲近日愁多頓老衛娘何在宋玉歸來兩
地暗縈繞揺落江楓早嫩約无憑幽夢又杳但盈盈泪洒單
衣今夕何夕恨未了

双螺未合双蛾先斂家在碧雲西别母情懷隨郎滋味桃葉
渡江時　扁舟載了匆〻去今夜泊前溪楊柳津頭梨花墻
外心事兩人知

鬲溪梅令　仙呂調　无錫歸寓意

好花不与殢香人浪粼〻又恐春風歸去緑成陰玉鈿何処
尋　木蘭双槳夢中雲小横陳謾向孤山〻下覓盈〻翠禽
啼一春

淒涼犯　仙呂調犯商調　合肥秋夕

緑楊巷陌西風起邊城一片離索馬嘶漸遠人歸甚処戍楼
吹角情懷正惡更衰草寒煙淡薄似當時將軍部曲迤邐度
沙漠　追念西湖上小舫携歌晚花行樂舊遊在否想如今
翠凋紅落謾寫羊裙等新雁來時繫着怕匆〻不肯寄与誤

後約

翠樓吟　双調　　武昌安遠樓成

月冷龍沙，塵清虎落，今年漢酺初賜。新翻胡部曲，聽氈幕元戎歌吹。層樓高峙，看檻曲縈紅，簷牙飛翠。人姝麗，粉香吹下，夜寒風細。　此地宜有詞仙，擁素雲黃鶴，与君遊戲。玉梯凝望久，歎芳草萋萋千里。天涯情味，仗酒祓清愁，花嬌英氣。西山外，晚來還捲，一簾秋霽。

清波引　梅

冷雲迷浦，倩誰喚玉妃起舞。歲華如許，野梅弄眉嫵。屐齒印蒼蘚，漸爲尋花來去。自隨秋鴈南來，望江國、渺何處。　新詩謾与，好風景、長是暗度。故人知否，抱幽恨難語。何時共漁艇，莫負滄浪煙雨。況有清夜啼猿，怨人良苦。

法曲獻仙音　張彥功官舍

虛閣籠寒小簾通月暮色偏憐高處樹隔離宮水平馳道湖
山盡入尊俎奈楚客淹留久砧声帶愁去屢回頭過秋風
未成歸計誰念我重見冷楓紅舞喚起淡妝人問逋仙今在
何許象筆鸞箋甚而今不道秀句怕平生幽恨化作沙邊煙
雨

玲瓏四犯　越中歲暮聞簫鼓感懷

疊鼓夜寒垂灯春淺匆匆時事如許倦遊歡意少俛仰悲今
古江淹又吟恨賦記當時送君南浦万里乾坤百年身世唯
有此情苦　揚州柳垂官路有輕盈喚馬端正窺戶酒醒明
月下夢逐潮声去文章信美知何用謾贏得天涯羈旅教說
與春來要尋花伴侶

淡黃柳　正平調近　客居合肥

空城曉角吹入垂楊陌馬上單衣寒惻惻看盡鵝黃嫩綠都

是江南舊相識正岑寂　明朝又寒食強攜酒小橋宅怕梨花落盡成秋色燕〻飛來問春何在唯有池塘自碧

側犯　詠芍藥

悵春易去甚春却向揚州住微雨正繭栗梢頭弄詩句紅橋二十四總是行雲處无語漸半脫宮衣笑相顧　金壺細葉千朵圍歌舞誰念我鬢成絲來此共尊俎後日西園綠陰无數寂寞劉郎自修花譜

眉嫵　亦名百宜嬌　戲張仲遠

看垂楊連苑杜若吹沙愁損未歸眼信馬青樓去重簾下娉婷人妙飛燕翠尊共款聽艷歌郎意先感便攜手月地雲堦裏愛良夜微煖　无限風流踈散有暗藏弓履偷寄香翰明日聞津鼓湘江上催人還解春纜亂紅万點悵斷魂煙水遙遠又爭似相攜乘一舸鎮長見

石湖仙 越調 壽石湖居士

松江煙浦是千古三高遊衍佳處須信石湖仙侶鴟夷翩然引去浮雲安在我自愛綠香紅舞容与看世間幾度今古盧溝舊曾駐馬爲黃花閒吟秀句見說胡兒也学綸巾欹雨王友金蕉玉人金縷緩移箏柱聞好語明年定在槐府

解連環

玉鞍重倚却沉吟未上又縈離思爲大喬能撥春風小喬妙移箏鴈啼秋水柳怯雲鬆更何必十分梳洗道郎携羽扇那日隔簾半面曾記 西窗夜涼雨霽歎幽歡未足何事輕弃問後約空指薔薇算如此溪山甚時重至水驛灯昏又見在曲屏近平声底不念惟有夜來皓月照伊自睡

玉梅令 高平調 石湖畏寒不出作此戲之

踈二雪片散入溪南苑春寒鎖舊家亭館有玉梅幾樹背立

怨東風高花未吐暗香已遠　公來領客梅花能勸花長好
願公更健便揉春爲酒剪雪作新詩拚一日繞花千轉

踏莎行　金陵感夢

燕二輕盈鶯二嬌軟分明又向華胥見夜長爭得薄情知春
初早被相思染　別後書詞別時針線離魂暗逐郎行遠淮
南皓月冷千山冥二歸去无人管

○八歸　湘中送胡德華

芳蓮墜粉疎桐吹綠庭院暗雨乍歇无端抱影銷魂處還見
篠牆螢暗蘚階蛩切送客重尋西去路問水面琵琶誰撥最
可惜一片江山總付与啼鴂　長恨相從未款而今何事又
對西風離別渚寒烟淡棹移人遠縹緲行舟如葉想文君望
久倚竹愁生步羅韈歸來後翠尊双飲下了珠簾玲瓏閑看
月

高賓王名觀國號竹屋詞名竹屋癡語陳造爲序称其与史邦卿皆秦周之詞所作要是不經人道語其妙处少游美成若唐諸公亦未及也

○玉胡蝶　秋思

喚起一襟涼思未成晚雨先做秋陰楚客悲殘誰解此意登臨古臺荒斷霞斜照新夢黯微月疏砧總難禁尽將幽恨分付孤斟　從今倦看青鏡既遲勳業可負煙林斷梗无憑歲華摇落又驚心想蓴汀水雲愁凝閑蕙帳猿鶴悲吟信沈沈故園歸計休更侵尋

○喜遷鶯　秋懷

涼雲歸去再約着晚來西樓風雨水靜簾陰鷗閑菰影秋到露汀煙浦試省喚回幽恨尽是愁邊新句倦登眺動悲涼還在殘蟬吟处　凄楚空記香霧宿心似秋蓮苦宝瑟彈

氷玉臺窺月淺黛可憐偷聚幾時翠濤題葉无復綉簾吹絮
鬢華晚念庾郎情在風流誰与

玉楼春 春思

多時不踏章臺路依舊東風芳草渡鶯声喚起水邊情日影
炙開花上霧 謝娘不信佳期誤認得馬嘶迎綉户今宵翠
被不春寒只恐香穠春又去

玉楼春 憶舊

春煙濇〻生春水曾記芳洲蘭棹艤岸花香到舞衣邊汀草
色分歌扇底 棹沈雲去情千里愁壓双鴛飛不起十年春
事十年心怕説濺裙當日事

菩薩蛮 蘇堤芙蓉

紅雲半壓秋波急艷粧泣露嬌啼色佳夢入仙城風流石曼
卿 宫袍呼醉醒休捲西風錦明日粉香殘六橋煙水寒

菩薩蛮 水晶膾

玉鱗鰲出香凝軟并刀斷処氷絲顫紅縷間堆盤輕明相映寒 纖柔分勸処膩滑難停筯一洗醉魂清真成醒酒氷

菩薩蛮 春思

春風吹緑湖邊草春光依舊湖邊道玉勒錦障泥少年游冶時 煙明花似綉且醉旗亭酒斜日照花西歸鴉花外啼

杏花天 春愁

霽煙消処寒猶嫩乍問巷陌〻 晝永池塘夢草魂初醒秀句吟春未穩 仙源阻春風瘦損又燕子來无芳信小桃也自知人恨滿面羞紅難問

祝英臺近 閨思

一惣閑孤烬冷獨自个春睡綉被薰香不似舊風味静聽滴上簷声驚愁攪夢更不管庾郎心醉 念芳意一併十日春

寒〻檐花照〻憔悴懶傲新詞春在可憐裏幾時桃葉踏青雲流
雨斷〻盡分付楚天之外

生查子 梅

香驚楚驛寒瘦倚湘筠暮一笛已黃昏片月尤清楚 沉〻
氷玉竃漠〻煙雲浦酸淚不成彈又向春心聚

永遇樂 次韻弔青樓

淺暈脩蛾脆痕紅粉猶記窺户香斷奩空塵生砌冷誰喚青
鸞舞春風花信秋宵月約歷〻此心曾許銜芳根千年怨結
玉骨未應成土 木蘭艇子莫愁何在謾繫寒江烟樹事逐
雲沈檣隨佩冷短夢分今古一杯遥夜孤光難曉多少碎人
腸処空凄黯西風細雨盡吹淚去

御街行 賦轎

藤筠巧織花紋細稱穩步如流水踏青陌上雨初晴嫌怕濕

文鴦双屧後要人送上逢花須住才過処香風起　裙兒掛在簾兒底更不把熜兒閙紅ニ白ニ簇花枝恰稱得尋春芳意歸來時晚紗籠引道扶下人微醉

霜天曉角　春情

春雲粉色春水和雲濕試問西湖楊柳東風外幾絲碧　望極連翠陌蘭橈双槳急欲訪莫愁何処旗亭在畫橋側

卜算子　春晚

屈指数春來彈指驚春去簷外蛛絲網落花也要留春住幾日喜春晴幾夜愁春雨十二彫牕六曲屛題遍傷春句

踏莎行　九日西山

水減堤痕秋生屧齒攜筇喚起登高意翠微烟冷夢凄涼黄花香晚人憔悴　懷古風流悲秋情味紫萸勸入旗亭醉王人相見說新愁可憐又濕西風淚

風入松 春晴

捲簾日〻恨春陰寒食新晴馬蹄只向南山去長橋愛花柳

多情紅外風嬌日暖翠邊水秀山明 杜郎歌酒過平生到

処蓬瀛醉魂不入重城晩襪歡寄桃葉桃根繡被嫩寒清曉

鶯声喚醒春酲

風入松 聞鄰女吹笛

粉嬌曾隔翠簾看橫玉声寒夜深不管柔荑冷櫻朱度香噴

雲鬟霜月揺〻吹落梅花蔌〻驚殘 蕭郎且放鳳簫閑向

処驂鸞静聽三弄霓裳能魂飛斷愁裏関山三十六宮天近

念奴却在人間

思佳客 秋扇

入手西風意已秋不須玉斧爲重修撲螢涼夜沉〻月障面

清歌澹〻秋 休弃置且遲留可憐又向篋中收莫教暗損

乘鸞女漢殿凄凉万古愁

声　一慢　九夕

壷天不夜宝炬生香光風蕩揺金碧月灧氷痕花外峭寒无力歌傳翠簾尽捲誤鷩回瑶臺仙跡禁漏催擀千金一刻未酬佳夕　捲地香塵不斷最得意輸它五陵狂客楚柳吴梅无限眼邊春色鮫綃暗中寄与待重尋行雲消息乍醉醒怕南楼吹斷曉笛

解連環　春水

浪揺新緑浸芳洲翠渚雨痕初足蕩霽色流入横塘看風外漪ミ皺紋如縠藻荇縈廻似留戀鴛飛鷗浴愛嬌雲醮色媚日挼藍遠迷心目　仙源漾舟岸曲照芳容幾樹香浮紅玉記那回西洛橋邊濺裙翠傳情王孫輕擲正十里陂錦鱗渺芳音難續隅垂楊故人望斷浸愁千斛

卷終

高賓王

絶妙詞選卷之七

○宋詞

史邦卿

名達祖號梅溪有詞百餘首張功父姜堯章爲序堯章稱其詞奇秀清逸有李長吉之韻蓋能融情景於一家會句意於兩得

○綺羅香 春雨

做冷欺花將煙困柳千里偷催春暮盡日冥迷愁裏欲飛還住驚粉重蝶宿西園喜泥潤燕歸南浦最妨它佳約風流鈿車不到杜陵路　沉沉江上望極還被春潮急難尋官渡隱約遥峯和淚謝娘眉嫵臨斷岸新緑生時是落紅帶愁流处記當日門掩梨花剪灯深夜語 臨斷岸以下數語最爲姜堯章稱賞

玉樓春 社前一日

遊人等得春晴也處處旗亭堪繫馬雨前穠杏尚娉婷風後
殘梅無顧藉忌拈針線還逢社鬥草贏多裙欲卸明朝双
燕定歸來叮囑重簾休放下

玉樓春 梨花

玉容寂寞誰為主寒食心情愁幾許前身清淡似梅粧遙夜
依微留月住 香迷胡蝶飛時路雪在秋千來往處黃昏著
了素衣裳深閉重門聽夜雨

萬年歡 春思

兩袖梅風謝橋邊岸痕猶帶陰雪過了匆匆燈市草根青發
燕子春愁未醒誤幾處芳音遼絕煙溪上采綠人歸定應愁沁
花骨 非干厚情易歇奈燕臺句老難道離別小徑吹衣
曾記故里風物多少驚心舊事第一是侵階羅襪如今但柳
髮晞春夜來和露梳月

杏花天 清明

軟波拖碧蒲芽短畫橋外花晴柳暖今年自是清明晚便覺芳情較懶 春衫瘦東風剪々 過花塢香吹醉面歸來立馬斜陽岸隔岸歌声一片

西江月 閨思

西月澹籠樓角東風暗落簷牙一灯初見影窗紗又是重簾不下 幽思屢隨芳草閒愁多似楊花楊花芳草徧天涯繡被春寒夜々

菩薩蛮 夜景

梨花不礙東城月々 明照見空欄雪々 瓦夜香微裹簾拜月歸 錦衾幽夢短明日南堂宴々 罷小樓臺春風來不來

臨江仙 閨思

愁与西風應有約年々 同赴清秋舊游簾幕記楊州一灯人

着夢双鴈月當樓　羅帶鴛鴦塵暗澹更須整頓風流天涯
万一見温柔瘦應緣此瘦羞亦爲郎羞

齊天樂　秋興

闌干只在鷗飛処年〻怕吟秋興斷浦沉雲空山挂雨只有
詩愁千頃波声未定望舟尾拖凉渡頭龍󠄀䑋正好登臨有人
歌罷翠簾冷　悠然魂墮故里柰閑情未了還被吹醒拜月
虚簷聽蛩壞砌誰復能憐嬌俊憂心耿〻寄桐葉芳題冷楓
新詠莫遣秋声樹頭喧夜永

齊天樂　湖上即席分韻得羽字

鴛鴦拂破蘋花影低〻趁凉飛去岙裏移舟詩邊就夢葉〻
碧雲分雨芳游自許過柳影閒波水花平渚見説西風爲人
吹恨上瑶樹　闌干斜照未滿杏墻應望斷春翠偷聚淺約
揉香深盟擣月誰是窺愍閒青狂抓第幾樹間人甚參差整成

離阻夜色空庭待歸聽俊語

双二燕 詠燕 形容尽矣

過春社了度簾幕中間去年塵冷差池欲住試入舊巢相並
還相彫梁藻井又軟語商量不定飄然快拂花梢翠尾分開
紅影 芳徑芹泥雨潤愛貼地爭飛競誇輕俊紅樓歸晚看
足柳昏花暝應自棲香正穩便忘了天涯芳信愁損翠黛双
蛾日日畫欄獨凭 姜堯章極稱其柳昏花暝之句

東風第一枝 春雪

巧氷蘭心偷黏草甲東風欲障新暖謾凝碧瓦難留信知暮
寒較淺行天入鏡做弄出輕鬆纖軟料故園不捲重簾誤了
乍來双燕 青未了柳回白眼紅欲斷杏開素面舊游憶着
山陰厚盟遂妨上苑寒爐重暖便放慢春衫針線恐鳳鞋挑
菜歸來万一灞橋相見 結句尤爲姜堯章拈出

東風第一枝 元夕

酒館歌雲灯街舞綉笑声喧似簫鼓太平京國多歡大酺綺羅幾处東風不動照花影一天春聚耀翠光金縷相交苒二細吹香霧 羞醉玉少年丰度懷豔雪舊家伴侶閉門明月閑心倚窗小梅索句吟情欲斷念嬌俊知人无據想袖寒珠絡藏香夜久帶愁歸去

換巢鸞鳳 春情

人若梅嬌正愁橫斷塢夢繞溪橋倚風融漢粉坐月怨秦簫相思因甚到纖腰定知我今无魂可銷佳期晚謾幾度淚痕相照 人悄天淵二花外語香時透郎懷抱暗握荑苗乍嘗櫻顆猶恨侵堦芳草天念王昌忒多情換巢鸞鳳教偕老溫柔鄉醉芙蓉一帳春曉

過龍門 春愁

醉月小紅楼錦瑟箜篌夜來風雨曉來収幾點落花饒柳絮
同爲春愁　寄信問晴鷗誰在芳洲緑波寧処有蘭舟獨對
舊時携手地情思悠二

瑞鶴仙　紅梅

館娃春睡起爲發粧酒煖臉霞輕膩氷霜一生裏厭從來冷
澹粉腮重洗胭脂暗試便无限芳穠氣味向黄昏竹外寒深
醉裏爲誰偷倚　嬌媚春風模樣霜月心腸瘦來肌躰孤香
細二吹夢到杏花𡱈被高楼横笎一声驚斷却對南枝洒涙
謾相思桃葉桃根舊家姊妹

滿江紅　九月廿一日出京懷古

緩轡西風歎三宿遲二行客桑梓外鋤耰漸入柳坊花陌双
闕遠騰龍鳳影九門空鎖鴛鴦翼更无人擫笛傍宫墻苔花
碧　天相漢民離國天厭虜臣離德趂建瓴一舉再収鰲極

老子豈无經世術詩人不預平戎策辦一襟風月看升平吟春色

卓稼翁 名田號西山建陽之文士

好事近 三衢買舟

奏賦謁金門行盡雲山无數尚有江天一半買扁舟東去
波神眼底識英雄閣住半空雨喚起一帆風力去青天尺五

昭君怨 送人赴上庠

千里功名歧路幾緉英雄草屨八座与三台个中來 壯士
寸心如鐵有淚不霑離別劍未斬樓蘭莫空還

品令 新秋

立秋十日早露出新凉面斜風急雨戰退炎光一半月上紗
窗疑是廣寒宮殿 无端宋玉撩乱生悲怨一年好処都被

秋光占断你且思量今夜怎生消遣

崔正子

名與之自號菊坡　屢以右相召不起

水調歌頭

万里雲間戍立馬劍門關乱山極目无際直北是長安人苦百年塗炭鬼哭三邊鋒鏑天道久應還手寫留屯奏烱〻寸心丹　對青灯搔白髮漏声残老來勲業未就妨却一身閑梅嶺緑陰青子蒲澗清泉白石恠我舊盟寒烽火平安夜歸夢到家山

魏華父

名了翁臨卭人號鶴山先生慶元己未黄甲第三名晚与真西山齐名有詞附鶴山集皆壽詞之得躰者

水調歌頭　范靖州生日

猶記端門外鞭袖五更寒一声天上鍾析金鎖掣重関君向紫宸上閣我侍玉皇香案都號舍人班夢寛帯鄉遠相對両蒼顔　玉圍腰金繫肘繡龍鞍鄉人衮二嚴近五馬度荊山收拾五湖氣度巻東蟠胷兵甲春意滿人間天錫公純嘏氣象自平寛

水調歌頭　孫靖州生日

九十九峰下百二十年州西風吹起客夢月滿驛南樓影入天河左界辰在壽星向上還是去年秋要和木蘭曲載酒壽君侯　天邊信雲外步去難留壽觴庭院依舊已帶別離愁離合鍾情未免富貴関人何事浪白世間頭將相時來作身健百无憂

鷓鴣天　范靖州十月九一日生日

誰把璿璣運化工參旗又挂玉梅東二二律琯声餘亥九二

玄經卦起中　新歲月舊游從一觴還似去年冬人間事會
无終極分付𦘔閑老令公郭令公以武舉出身應翹關負米
科

菩薩蠻　靖節江墳生日

東窻五老峯前月南窻九疊坡前雪推出侍郎山着君窻戶
問離騷鄉裏住恰記庚寅度揾取芷蘭芳酹君千歲觴

劉潛夫

名克莊莆田人號後村先生負一代盛名詩
文甚高有後村别調一卷　淳祐辛丑八月
御筆劉某文名久著史學尤精可特賜同進士出身

六州歌頭　牡丹

維摩病起兀坐等枯株清晨裏誰來問是文殊遣名姝奪盡
群芳色浴才出醒初解千万態嬌无力困相扶絕代佳人不
入金張室却訪吾廬對茶鐺禪榻笑殺此翁癯瑶砌金壺始

消凝憶承平日繁華事脩成譜寫成圖奇絕甚歐公記蔡
公書古來无一自京華隔問姚魏竟何如多應是綵雲散劫
灰餘野鹿銜將花去空回首河洛丘墟謾傷春弔古夢遶漢
唐都歌罷欷歔

水調歌頭 和西外判宗湖樓韻

君看郭西景渾不減孤山飛樓突兀百尺輪奐後前觀絕唱
新詞賡和墮淚舊碑无恙往事付驚瀾不見遼鶴返誰對水
鷗閑 又何必珠翠盛管絃催唾壺麈尾瀟灑領客上高寒
丞相功存宗廟務酒義兼家國世事尚相關風月寓意耳莫
作晉人看

沁園春 夢方孚若

何処相逢登宝釵樓訪銅雀臺喚廚人斫就東溟鯨膾圉人
呈罷西極龍媒天下英雄使君与操餘子誰堪共酒盃車千

劉潛夫

乘載燕南代北劍客奇材　飲酣鼻息如雷誰信被晨雞催
喚同嘆年光過盡功名未立書生老去機會方來使李將軍
遇高皇帝万戶侯何足道哉推衣起但悽涼感舊慷慨生哀

沁園春　送包尉

我羨君歸一路秋風芙蓉木犀想慈顏望久靈烏乍噪新眉
畫就郎馬頻嘶丘脫征衫快呼斗酒細與家人說建谿情知
道這中年懷抱生怕分攜　丈夫南北東西應笑殺離筵粉
淚啼悵佳人來未碧雲冉冉王孫去後芳草萋萋明日相思
山重水複古道人稀茅店雞元龍老有高樓百尺誰共登梯

沁園春　寄鍾賢良

我夢見君帶飛霞冠着宮錦袍當牧之高會齊山風月謫仙
同載采石雲濤乃卷皁羅千篇電掃不孕窮兒賦楚騷掀髯
処有魚龍起舞狐兔悲嘷　英雄埋没蓬蒿暗摸索當年劉

与曹嘆事機易失功名難偶誅茅西崦種秫東皋栅有雞豚庭无羔鴈不是先生索價高人間窄待相期海上共摘蟠桃

沁園春 贈孫季蕃

歲莫天寒一見飄然幅巾布裘佽侵雲烏道躋攀絶頂拍天鯨浸笑傲中流疇昔期君紫髯鐵面生子當如孫仲謀誰知道到中年猶未建節封侯 南來萬里何求因感慨喬公成遠遊悵名姬駿馬都如昨夢隻雞斗酒難到新丘天地无情功名有數千古英雄只麽休平生客獨羊曇一个淚洒西州

沁園春 寄九華葉賢良

一卷陰符二石硬弓百斤宝刀更玉花驄噴鳴鞭電抹烏絲欄展醉墨龍跳牛角書生虯髯豪客談笑皆從折簡招依俙記曾請纓係粤草檄征遼 當年目視雲霄誰信道凄凉今折腰悵燕然未勒南帰草二長安不見北望迢二老去曾中

有些磊塊歌罷猶須着酒澆休〻也但帽邊鬢減鏡裏顏凋

摸魚兒　賞海棠

甚春來冷煙淒雨朝〻遲了芳信驀然作暖晴三日又覓万
殊嬌困天怎忍潘令老不成也没看花分才情減尽悵玉局
飛仙石湖絶筆孤負這風韻　傾城色換惱佳人薄命墻頭
岑寂誰問東風日暮无聊賴吹得胭脂成粉君細認花共酒
古來二事天猶吝年光去迅謾緑葉成陰蒼苔滿地做取異
時恨

摸魚兒　感歎

恠新來倚楼看鏡清狂渾不如舊暮雲千里傷心色那更乱
蟬踈柳凝望久愴故國百年漢闕誰回首功名大謬歎采藥
名山讀書精舍此計何時就　封侯事久矣輸人妙手扁舟
聊作漁叟高冠長劒都閑物丗上切身惟酒千載後君試看

拔山扛鼎俱烏有英雄骨朽問頓曲周郎而今還解來聽小
詞否

念奴嬌 菊花

老夫白首尚兒嬉廢圃一番料理飡飲落英并墜露重把離
騷拈起冷艶幽香輕黃淡白占斷西風裏飛來双蝶遶叢欲
去還止 嘗試銓次羣芳梅花差可伯仲之間耳佛説諸天
金色界未必莊嚴如此尚友靈均定交元亮結好天隨子籬
邊坡下一杯聊泛霜蘂

賀新郎 鬱孤臺

絶頂規危榭跨高寒鳥飛不過雲生其下斤斸无声人按堵
翁忽青紅变化覽城郭山川如畫閣老鳳樓修造手笑談閒
突出凌雲廈臺上景買无價 唾壺塵尾登臨暇似當年文
章太守歐陽公也傾倒贛江供硯滴判斷雪天月夜更喚取

鄒枝司馬銅雀凌歊歌舞罷訪殘磚斷甓无存者餘翰墨被風雅

賀新郎 春景

動地東風起畫橋西繞溪桑柘漫山桃李寂々墻陰蒼苔路猶印前回屐齒驚歲月飈馳雲駛太息攀翻長亭樹是先生手種今如此君不樂欲何俟　傍人錯會淵明意笑斯翁皇々汲々登山臨水住处從呼籃輿去彷彿柴桑栗里從我者門生兒子嘗試平章先賢傳屈原醒不似劉伶醉判若于卧花底

賀新郎 芍藥

一夢楊州事畫堂深金瓶万朶元戎高會座上祥雲層々起不減洛中姚魏歎別後關山迢遞國色天香何処在想東風猶憶狂書記驚歲月一弾指　數枝清曉煩馳騎向小窗依

俙重見蕪城佳麗料得花憐儂消瘦儂亦憐花顛頷謾悵望

竹西歌吹老矣應无騎鶴日但春衫點點當時淚那更有舊

情味

賀新郎 送陳子華赴真州

北望神州路試平章這場公案向誰分付記得太行兵百万

曾入宗爺駕御今把作握蛇騎虎君去東京豪傑喜看投戈

下拜真吾父談笑裏定齊魯　兩淮蕭索惟狐兎問當年祖

生去後有人來否多少新亭揮淚客不夢中原塊土這事業

須由人做堪笑書生心膽怯向車中閉置如新婦空目送塞

鴻去

賀新郎 端午

深院榴花吐畫簾開綵衣紈扇午風清暑兒女紛紛新結束

時樣釵符艾虎早已有游人觀渡老大逢場慵作戲任白頭

年少爭旗鼓溪雨急浪花舞　靈均標致高如許憶生平既

紉蘭佩又懷椒稰誰信騷魂千載後波底垂涎角黍又說是

蛟饞龍怒把似而今醒到了料當年醉死差无苦聊一笑弔

千古

賀新郎　九日

湛湛長空黑更那堪斜風細雨乱山如織老眼平生空四海

賴有高樓百尺看浩蕩千崖秋色白髮書生神州淚從凄涼

不向牛山滴追往事去无迹　少時自負凌雲筆到如今春

華落盡滿懷蕭瑟常恨世人新意少愛說南朝狂客把破帽

年年拈出若對黃花孤負酒怕黃花也笑人岑寂鴻北去日

西匿

賀新郎　遊水東周家花園

溪上收殘雨倚危欄薄綿乍脫日陰亭午閙市不知春色处

散在荒園廢墅漸小白長紅无數客子雖非河陽令也隨緣暫作鶯花主那可負甕中醑　碧雲四合千岩暮恨匆匆余方有事子姑歸去趂取羣芳未揺落暇日提魚就煑歎激電光陰如許回首明年何処在問桃花尚記劉郎否公莫笑醉中語

賀新郎　郡會聞妓歌有感

妾出於微賤少年時朱絃彈絶玉笙吹遍粗識詩家關雎乱羞拳流鶯百囀揔不涉閨情春怨誰向西鄰公子説要珠鞍迎入梨花院身未動意先懶　主家十二樓連苑那人人靚糚按曲綉簾初捲道是丞堂簫管唱笑殺街坊拍衮廻首望侯門天遠我有平生離鸞操頗哀而不愠微而婉聊一奏更三歎

生查子　上元戲陳敬叟

繁灯奪霽華戲鼓催明發風物昔時同況味中年别　淡淡
鏡中罥深拜樓西月人散市声收漸入愁時節

臨江仙　種海棠作

落魄長官江海客少豪万里尋春而今憔悴向溪濱斷无鱗
詠與惟有薄書塵　手接海棠三百本等閑粧點芳辰化年
絳雪映紅雲丁寧風与月記取種花人

滿江紅　送王實之

天壤王郎數人物方今第一談笑裏風霆驚座雲煙生筆落
落元龍湖海氣琅琅二董相天人策問如何十載尚青衫諸侯
客　易愛底些官職難保底些名節擬閉門投轄劇談三日
疇昔評君天下宰當爲天下蒼生惜向臨分攄慨出高声摧
金石

滿江紅　飲海棠花下

老子年來頗自許心腸鐵石尚一點消磨未盡愛花成癖懊惱每嫌寒勤住丁寧莫被晴烘拆奈暄風烈日太无情如何得張蓋燭頻二措憑素手輕二摘更一番雨過彩雲无跡今日不來花下飲明朝空向枝頭覓對殘紅滿院杜鵑啼添愁寂

滿江紅　范尉梅谷

赤日黃埃夢不到清溪翠麓空健羨君家別墅幾株幽獨骨冷肌清偏要月天寒日暮尤宜竹想主人杖屨日千回山南北　寧委瀾嫌金屋寧映水羞銀燭歎出塵風韻背時粧束競愛東鄰姬傅粉誰憐空谷人如玉笑林逋何遜讓為詩无人讀

滿江紅　夜雨凉甚忽動從戎之興

金甲琱戈記當日轅門初立磨盾鼻一揮千紙龍蛇猶濕鐵

馬曉嘶營壁冷樓船夜渡風濤急有誰憐猿臂故將軍無功級

平戎策從軍什零落盡慵收拾把茶經香傳時時溫習生怕客談榆塞事且教兒誦花間集歎臣之壯也不如人今何及

卜算子 手植海棠盛開風雨作祟輒作小詞二首

尽是手成持合得天饒借風雨於花有甚讎作意相陵藉做暖逼教開做冷催教謝不負明年花下人只負栽花者

卜算子

片片蝶衣輕點點猩紅小人道東君不惜花百種千般巧朝見樹頭繁暮見枝頭少人道東君果惜花雨打風吹了

昭君怨 牡丹

曾看洛陽舊譜只許姚黃獨步若比廣陵花太虧它 舊日王侯園圃今日荊榛狐兔君莫說中州怕花愁

昭君怨 瓊花

后土祠中標韻天上人間一本道號玉真妃字瓊姬　我与
花曾半面流落天涯相見莫把玉簫吹怕驚飛

清平樂 別意

休彈別鶴淚与絃俱落歡事中年如水薄懷抱那堪作惡
昨宵月露高樓今朝煙雨孤舟除是无身方了有身長有閑
愁

清平樂 五月十五夜翫月

纖雲掃跡万頃玻瓈色醉跨玉虹游八極歷歷天青海碧
水晶宮殿飄香羣仙方按霓裳消得幾多風露変教人世清
涼

清平樂

風高浪快万里騎鯨背曾識常娥真躰態素面元无粉黛

身游銀闕珠宮俯看積氣濛濛醉裏偶揺桂樹人間喚作凉風

清平樂　頃在維揚陳師文參議家舞姬絕妙賦此

宮腰束素只怕能輕舉好築避風臺護取莫遣驚鴻飛去　一團雪玉温柔笑顰俱有風流貪与蕭郎眉語不知舞錯伊州

玉樓春　戲呈林節推鄉兄　卅下一首

年年躍馬長安市客裏似家家似寄青錢換酒日無何紅燭呼盧宵不寐　易挑錦婦機中字難得玉人心下事男兒西北有神州莫滴水西橋畔淚

菩薩蠻

小鬟解事高燒燭群花圍繞樗蒱局道是五陵兒風騷滿肚皮　玉鞭鞭玉馬戲走章臺下笑殺灞陵翁騎驢風雪中

憶秦娥 感舊

春酲薄夢中毬馬豪如昨豪如昨月明橫笛曉寒吹角 古來成敗難描摸而今却悔當初錯當初錯鐵衣猶在不堪重着

憶秦娥

梅謝了塞垣凍解鴻歸早鴻歸早憑伊問訊大梁遺老 浙河西面邊聲悄汴河南北炊煙少炊煙少宣和宮殿冷煙衰草

憶秦娥

遊人絶綠陰滿野芳菲歇芳菲歇養蠶天氣采茶時節 枝頭杜宇啼成血陌頭楊柳吹成雪吹成雪淡煙微雨江南三月

長相思令 惜梅

寒相催暖相催ニ了閑時催謝時丁寧花放遲　角声吹笛
声吹ニ了南枝吹北枝明朝成雪飛

長相思令　餞别

風蕭ニ雨蕭ニ相送津亭折柳條春愁不自聊　煙迢ニ水
迢ニ準擬江邊駐畫橈舟人頻報潮

浪淘沙　旅況

紙帳素屛遮全似僧家無端霜月闖窗紗喚起玉關征戍夢
幾疊寒笳　歲晚客天涯鬢髮蒼華今年衰似去年些詩酒
近來都減價孤負梅花

一剪梅　中秋解宜春郡印

陌上行行怪府公還是文窮還是詩窮下車上馬太匆ニ來是
春風去是秋風　階衡免得管兵農嬉到昏鐘睡到斎鐘不須
提岳烏知宮喚作溪翁喚作山翁

踏莎行　甲午重九牛山作

日月跳丸，光陰脫兔。登臨不用深懷古。向來吹帽插花人，盡隨殘照西風去。　老矣征衫，飄然客路。炊煙三兩人家住。欲攜斗酒荅秋光，山深無覓黃花處。

劉伯寵

名褒，武夷人。一字春卿

水龍吟　桂林元夕呈帥座

東風初縠池波，輕陰未放游絲墮。新春歌管，豐年笑語，六街灯火。繡轂彫鞍，飛塵卷霧，水流雲過。恍楊州十里，三生夢覺，捲朱箔，映青瑣。　金猊戲掣星橋，鎖博山、香烟濃百和。使君行樂，絳紗万炬，雪梅千朶。羯鼓喧空，鵾絃沸曉，櫻梢微破。想明年更好，傳柑宴罷，醉扶𣏌座。

雨中花慢　春日旅況

縹帶緗枝玉葉翡翠英百梢争趁春忙正雨後蜂粘落絮燕撲晴香遺策誰家蕩子唾花何處新粧相思流紅有恨拾翠无心往事凄涼　春愁如海客思翻空帶圍只看東陽更那堪玉笙度曲翠羽傳觴紅淚不勝閨怨白雲應老他鄉夢回覊枕風鷚庭樹月在西廂

滿庭芳　留别

柳裊金絲梨鋪香雪一年春事方中燭前一見花艷覺羞紅桃臂香痕未落舟横岸作計匆匆明朝去暮天平水双槳碧雲東　隔離歌一闋琵琶声斷燕子樓空歎陽臺夢杳行雨無蹤後會芙蕖未老從今去日望歸鴻愁如織斷腸啼鴂饒舌訴東風

六州歌頭　上廣西張帥

憑深負阻逢蠢午肆犇騰龍江上妖氛漲鯨海外白波驚羽檄

交飛急玉帳靜金貂閑悠遠馭椳長纓蹇分兵細草黃沙渺渺
渺西関路風裊高旌聽飛霜令肅堅壁夜無声鼓角何神
地中鳴　看追風騎攢雲槊雷野轂激天鉦飛箭集旌頭墜
長圍掩郭東傾振旅觀旋凱笳鼓競誇旗明刀換犢戈藏華士
休營黃色赤雲交映論功何止蔡州平想環城蒼玉深刻入青冥
永詔來今

水調歌頭　中秋

天淡四垂幕雲細不成衣西風掃盡纖翳羽淨我鬢邊絲破
匣菱花飛動跨海清光無際草露滴明璣杯到莫停手何用
問來期　坐虛堂柏酒眼䚷流輝雲山應恐有幽恨瑶琴掩金徽
瀚漢無声自轉玉兔有情亦老世事巧相違一寫謫仙怨双淚
滿君頤

絕妙詞選卷之七

中興詩選　卷八之十

絶妙詞選卷之八

宋詞

劉叔安 名鎮號隨如兄弟皆以文鳴有隨如百詠刋于三山

沁園春 和劉潛夫送孫花翁韻

誰似花翁長年湖海蹇驢弊裘想紅塵醉帽青樓歌扇摶金談笑揩幹風流又下阿蒙江南老賀背爲良田二頃謀人間世算到頭一夢螻蟻王侯 悠悠吾道何求況白首相逢説舊游記疎風淡月寒灯古寺平章詩境分付糟丘聚散摶沙炎涼轉燭歸去來兮万事休无何有間從前那个騎鶴楊州

沁園春 題西宗雲山樓

爽氣西來玉削羣峰千杉万松望疎林清曠晴烟紫翠雪邊迴棹柳外聞鐘夜月瓊田夕陽金界倒影樓臺表裏空橋陰

曲是舊來忠定手種芙蓉　仙翁心事訴同付魚鳥相忘一笑中向月梅香底招邀和靖雲山高処問訊梁公物象搜奇風流懷古消得文章万丈虹沈吟久想依々春樹人在江東

花心動　臨安新亭

鳩雨催晴遍園林一番綠嬌紅媚柳外金衣花底香鬚消得艷陽天氣障泥步錦尋芳路稱來往縱橫珠翠笑携手旗亭問酒更酬春思　還記東山樂事向歌雪香中伴春沈醉粉袖殢人彩筆題詩陶寫老來風味夜深銀燭明如晝待歸去看承花睡夢雲散屏山半熏沈水

漢宮春　鄭賀守席上懷舊

日軟風柔望煖紅連島晴綠平川尋芳拾翠勝伴陌上鮮妍玉驄歸路記青門曾墮吟鞭人去後庭花弄影一簾香月娟娟　追念舊遊何在歎佳期虛度似水流年博山夜來烬冷

誰換沈煙屛幃半掩柰夢雲不到愁邊春易老相思无據閑情分付魚牋

○水龍吟　丙子立春懷内

三山臈雪才消夜來誰轉回寅斗試灯簾幕淺寒憣勝暗香携手少日歡娛舊遊零落異鄉歌消到而今生怕春來太早空羸得兩眉皺　春到蘭湖少住肯殷勤訪梅尋柳相思人遠帶圍寬減粉痕消瘦双燕无憑尺書難表甚時回首想畫欄倚徧東風閑負却桃花呪

水龍吟　庚寅寄遠

老來慣与春相識長記傷春如故去年今日舊愁新恨送將風絮粉淚羞紅黛眉顰翠推愁不去任瑣窻深閉屛山半掩還別有愁來路　回首畫橋煙水念故人匆〻何处客情懷遠雲迷北樹草連南浦離合悲歡去留遲速問春无語笑劉

郎不道无桃可種苦留春住

水龍吟丙戌清明和章質夫韻

弄晴臺館收煙候時有燕泥香墜宿酲未解單衣初試騰騰春思前度桃花去年人面重門深閉記彩鸞別後青驄歸去長亭路芳塵起　十二屏山遍倚任蒼苔點紅如綴黄昏人靜煖香吹月一簾花碎芳意婆娑綠陰風雨畫橋煙水笑多情司馬留春无計濕青衫淚

慶春澤丙子元夕

灯火烘春樓臺浸月良宵一刻千金錦步承蓮彩雲簇仗難尋蓬壺影動星毬轉映兩行宝珥瑤簪恣嬉遊玉漏声催未歇芳心　笙歌十里誇張地記年時行樂憔悴而今客裏情懷伴人閑笑閑吟小桃未靜劉郎老把相思細寫瑤琴怕歸來紅紫欺風三徑成陰

蝶恋花 丁丑七夕

誰送凉蟾消夜暑河漢迢迢牛女何曾渡乞得巧來无用處世間枉費閑針縷 人在江南煙水路頭白鴛鴦不道分飛苦信遠翻嗔烏鵲誤舜山暗鎖巫陽雨

小重山 吊方檢詳

思君夢裏説鄉鄰未成歡已炊殘斷送春歸風雨霎時間空有生前醫國手醫不到子孫寒 欲登詩境平方千倩誰看北邙山落落晨星不見暮雲還莫在人間尋食客尋見後匹如閑

柳梢青 七夕

乾鵲收声濕螢度影庭院秋香步月移陰梳雲約翠人在回廊 醺醺宿酒殘粧待付与温柔醉鄉卻扇藏嬌牽衣索笑今夜差凉

柳梢青 戲簡高菊磵

瞥眼光陰章臺舊路楊柳春深尚憶風流殢人倚玉替客揮
金 高陽醉後分襟想妬雨嗔雲到今消息真時笑啼難処
方表、八心

臨江仙 代閨怨

蕩紫飄紅芳信斷都无人問穠纖吟鞭倚醉問涼蟾香消金
縷篆塵壓玉妝奩 夢峽朝雲飛不到一春離緒厭厭 却疑
歸燕礙重簾心期花底誤眉根柳邊添

浣溪沙 丁亥餞元宵

簾幙收灯斷續紅歌臺人散彩雲空夜寒歸路噤魚龍 宿
醉未消花市月芳心已逐柳塘風丁寧鶯燕莫匆匆

清平樂 補園避暑

柳陰庭院簾約風前燕着雨荷花紅半歛消得盈盈綠扇

劉叔安

竹光野色生寒玉纖雪藕氷盤長記酒醒人静暗香吹月闌干。

賀新郎　題王守西湖書院

雲淡天垂野望晴郊疎煙半捲斷虹低跨老樹連陰截遠景十里湖光照夜看不尽真山圖畫春蒲軒窓无着処更銀蜡冷浸鴛鴦尾人共境轉幽雅　文章太守歸來也似當年和靖風流小孤山下問訊佩蘭餐菊友曾約梅兄入社待付与竹臞陶寫塵外閑尋行樂地任傍人歌舞喧臺榭詩世界有王謝

江神子　三月晦日西湖餞春

送春曾到百花洲夕陽收暮雲留想伴花神騎鶴上楊州回首湖山情味淡重把酒更登樓　相思南浦古津頭未拏舟已驚鷗柳外歸鴉點點是離愁空倚陽關三疊曲歌不尽水

東流

念奴嬌 茉莉

調氷弄雪想花神清夢徘徊南土一夏天香收不起付与蘂
仙无語秀入精神涼生肌骨銷尽人間暑稼軒愁絶惜花還
勝兒女 長記歌酒闌珊開時向晩笑浥金莖露月浸闌干
天似水誰伴秋娘窓戸困殢雲鬟醉欹風帽總是牽情処返
魂何在玉川風味如許

阮郎帰

寒陰漠〻夜來霜階庭風葉黄帰鴉數點帶斜陽誰家砧杵
忙 灯弄幌月侵廊熏籠添宝香小屏低枕怯更長和雲入
醉鄉

阮郎帰 丹桂

金莖浥露未成霜西風只舊涼蘂仙何事換霞粧惱人秋思

劉叔安

長香世界錦文章花神不覆藏小山騷客政清狂同老八
醉鄉

玉樓春　東山探梅

冷冷水向橋東去漠漠雲歸溪上住踈風淡月有來時流水
行雲无覓処　佳人獨立相思苦薄袖欺寒脩竹暮白頭空
負雪邊春着意問春春不語

行香子　贈栁兒行

露葉煙條天与多嬌筭風流張緒難消惱人春思政自无聊
柰歛愁眉酣醉眼減圍腰　風絮招要蝶弄鶯嘲最閑情是
短長橋解驂分袂催上蘭橈更緑波平紅日墜碧雲遥

施乘之　楓溪

清平樂　元夕

風消雲縷一碧无今古欲壞上元天不許晴了晚來些二雨莫言吟落山家山翁本厭繁華試問蓮灯千炬何如月上梅花

戴式之 名復古號石屏天台詩人

滿江紅 赤壁懷古

赤壁磯頭一番過一番懷古想當時周郎年少氣吞區宇万騎臨江貔虎噪千艘烈炬魚龍怒卷長波一鼓困曹瞞今如許 江上渡江邊路形勝地興亡処覧遺蹤勝讀史書言語幾度東風吹世換千年往事隨潮去問道旁楊柳爲誰春搖金縷

沁園春 自述

一曲狂歌有百餘言說尽平生費十年灯火讀書讀史四方

奔走求利求名蹭蹬歸來閑門獨坐贏得窮吟詩句清夫談
者皆吾儂平日愁嘆之声　空餘豪氣峥嶸安得良田二頃
耕向臨邛滌器可憐司馬成都賣卜誰識君平分則宜然吾
何敢怨螻蟻逍遥戴粒行閑懷抱有青梅薦酒緑樹啼鶯

賀新郎　豊真州建江淮偉觀樓

百尺連雲起試登臨江山人物一時俱偉旁挹金陵龍虎勢
京峴諸峯對峙隱〻接揚州歌吹雪浪舞從三峽下乍逢迎
海若談秋水形勝地有如此　使君一世經綸志把風斤月
斧來此等閑遊戲見説樓成无多日大手一何容易笑天下
紛〻血指醞釀春風与和氣夆長江变作香醪美人共樂醉
桃李

賀新郎　寄豊宅之

憶把金罍酒歎別來光陰荏苒江湖宿留世事不堪頻著眼

贏得兩眉長皺但東望故人翹首木落山空天遠大送飛鴻北去傷懷久天下事公知否　錢塘風月西湖柳渡江來百年機會從前未有喚起東山丘壑夢莫惜風霜老手要整頓封疆如舊早晚樞庭開幕府是英雄盡爲公奔走看金印大如斗

賀新郎　兄弟爭塗田而訟歌此詞主和議

蝸角爭多少是英雄割據乾坤到頭休了一片泥塗荒草地盡是魚龍故道新堤上風濤難保滄海桑田何時變怕桑田未變人先老休爲此生煩惱　訟庭不許頻頻到這官坊翻來覆去有何分曉無諍人中爲第一長訟元非吉兆但有根平章不早樽酒喚回和氣在看從來兄弟依然好把前事付一笑

木蘭花慢

鶯啼〻不尽，憑燕語〻難通。這一點芳心，十年不断，擻乱東

風。重來故人何処，但依前、流水小橋東。記得同題粉壁，而今

壁破无蹤。　蘭皋空漲緑溶〻，流恨落花紅。念着破春衫，當

時送別，灯下裁縫。相思謾令自苦，嘆雲煙、過眼搃成空。落日

楚天无際，凭欄目送帰鴻。

水調歌頭　題李季允侍郎鄂州呑雲樓

輪奐半天上，勝槩壓南樓。籌邊獨坐，豈欲登覧快双眸。浪説

曾呑雲夢，直把氣呑殘虜，西北望神州。百載好機會，人事恨

悠〻。　騎黄鶴，賦鸚鵡，謾風流。岳王祠畔，楊柳煙鎖古今愁。

整頓乾坤手段，指授英雄方略，雅志若為酬。杯酒不在手，双

鬢恐驚秋。

満庭芳　楚州上巳万柳池應監丞欽客

三月春光，羣賢勝踐，山陰何似山陽。鵝池墨妙，曲水記流觴。

自許風流丘壑何人共擊楫長江新亭上山河有異察日根
堂〻使君經世志十年邊上兩鬢風霜問池邊楊柳因甚
凄凉方樹重新種了株〻在桃李花傍仍須待䏙栽蘭芷爲
國洗河湟

滿庭芳 元夕上邵武王守子文

草木生春樓臺不夜團〻月上雲霄太平官府民物共逍遥
指點江梅一笑幾番負兩秀風嬌今年好花邊把酒歌舜醉
元宵 風流賢太守青雲志氣玉樹丰標是神仙班裏舊日
王喬出奉版輿行樂金蓮照十里笙簫取灯後看〻丹詔催
入聖明朝

清平樂 與國軍王李司直

今朝欲去忽有留人処欲與江頭楊柳樹繫我扁舟且住
十分酒與詩賜難禁冷落秋光借取春風一笑狂夫到老猶

盧中之 名祖皐號蒲江樓攻媿先生之甥趙蔡之翁
靈舒諸賢之詩友樂章甚工字字可入律呂
浙人皆唱之有蒲江詞稾行于世

賀新郎 吾傳師於吳江三高堂之前亦釣雪亭蓋
擅漁人之窟宅以供詩境也趙子野約余賦之

挽住風前柳問鴟夷當日扁舟近曾來否月落潮生无限事
零乱茶煙未久謾留得蓴鱸依舊可是功名從來誤撫荒祠
誰継風流後今古恨一搔首 江涵鴈影梅花瘦四无塵雪
飛風起夜窻如晝万里乾坤清絶処付与漁翁釣叟又恰是
題詩時候猛拍闌干呼鷗鷺道他年我亦垂綸手飛過我共
樽酒

賀新郎 姑蘇臺觀雪

十頃涵空碧畫圖中峥嵘幻玉乱雲吹壁倚遍危欄吟不尽

把酒風前岸幘記當日西湖為客誰剪吳松江上水笑乾坤

奇事成兒劇還照我衣䰅白　裳瑩目斷清无極引枝節瓊

瑶步軟印登臨屐娃館娉婷知何在淡粉愁濃恨積故化作

飛花狼籍舊事悠悠渾莫問有玉蟾醒裏曾相識聊伴我夜

吹笛

宴清都　初春

春訊飛瓊管風日薄度墻啼鳥声乱江城次第笙歌翠合綺

羅香煖溶溶潤緑冰泮醉夢裏年華暗換料黛眉重鎖隋堤

芳心還動梁苑　新來鴈闊雲音鸞分鑑影无計重見啼春

細雨籠愁澹月恁時庭院離腸未語先斷算猶有凭高望眼

更那堪芳草連天飛梅弄晚

魚遊春水　離愁

雜愁禁不去好夢別來无覓処風翻征袂觸目年芳如許歎
紅塵裏鳴鞭鞚拾翠叢中勾伴侶都負歲時暗閑情緒　昨
夜山陰杜宇似把歸期驚倦旅遙知樓倚東風凝顰暗數宝
香拂二遺鴛錦心事悠二尋燕語芳草暮寒乱花微雨

○倦尋芳　春思

香泥壘燕密葉巢鶯春暗寒淺花徑風柔着地舞裀紅軟闘
草煙欺羅袂薄秋千影落春遊倦醉歸來記宝帳歌慵錦屏
香煖　別來悵光陰容易還又荼蘼牡丹開徧妬恨踈狂那
更柳花迎面鴻羽難憑芳信短長安猶近歸期遠倚危樓但
鎮日綉簾高捲

西江月　中春

燕掠晴絲裊二魚吹水葉粼二禁街微雨洒芳塵寒食清明
相近　謾着宮羅試煖閑呼社酒酬春晚風簾幕悄无人二

十四番花訊

○清平樂 春恨

柳邊深院燕語明如剪消息无憑聽又懶隔断畫屏双扇 宝杯金縷紅牙醉魂幾度兒家何処一春遊蕩夢中猶恨楊花

○烏夜啼 離恨

柳色津頭泫緑桃花渡口啼紅一春又負西湖醉離恨雨声中 客袂迢迢西塞餘寒剪剪東風誰家拂水飛來燕惆悵小樓空

烏夜啼 西湖

漾暖紋波颭颭吹晴絲雨濛濛輕衫短帽西湖路花氣撲春驄 闘草褰衣濕翠秋千瞥眼飛紅日長不放春醪困立尽海棠風

烏夜啼　秋別

叚々寒沙淺水蕭々暮雨孤篷香羅不共征衫遠砧杵定愁
中別恨慵看楊柳歸期暗數芙蓉碧梧声到紗窗聽時又
幾秋風

謁金門　惜別

蘭棹舉相趂落紅飛去一隊輕簾凝眸処柳絲牽不住　昨
日翠蛾金縷今夜碧波煙渚好夢无憑怱又雨天涯知幾許

謁金門　春思

閑院宇獨自行來行去花片无声簾外雨峭寒生碧樹　做
弄清明時序料理春醒情緒憶得歸時停棹処畫橋看落絮

水龍吟　桑藥

蕩紅流水无声暮煙細草粘天遠低回倦蝶往來忙燕芳期
頓懶綠霧迷墻翠虬騰架雪明香㬉笑依々欲挽春風教住

還疑是相逢晚　不似梅粧瘦減占人間丰神蕭散攀條弄
蘂天涯猶記曲闌小院老去情懷酒邊風味有時重見對枕
幃空想東窻舊夢帶將離恨

水龍吟　淮西重午

會昌湖上扁舟幾年不醉西山路流光又是宮衣初試安榴
半吐千里江山满川煙草薰風淮楚念離騷恨遠獨醒人去
闌干外誰懷古　亦有魚龍戲舞艷晴川綺羅歌鼓鄉情節
意樽前同是天涯覊旅漲綠池塘翠陰庭院歸期无據問明
年此夜一眉新月照人何処

洞仙歌　茉莉

玉肌翠袖較似酴醿瘦幾度熏醒夜窻酒問炎州何事得許
清涼塵不到一段氷壺剪就　晚來庭戶悄暗數流光細拾
芳英黯回首念日暮江東偏為魂銷人易老幽韻清標似舊

致彎紋如水帳如煙更奈向月明露濃時候

鷓鴣天 春饜

纖指輕拈小砑紅自調宮羽按歌童寒餘芍藥闌邊雨香落荼蘼架底風　閑意態小旁攏丁寧須滿玉西東一春醉得鶯花老不似年時怨玉容

鷓鴣天 春暮

庭綠初圓結蔭濃香滿收拾樹梢紅池塘少歇鳴蛙雨簾幕輕迴舞燕風　春又老笑誰同滄烟斜日小樓東相思一曲臨風笛吹過雲山第幾重

摸魚兒 九日登姑蘇臺

恠西風曉來歛帽年華還是重九天機袞袞山新瘦客子情懷誰剖微雨後更厲帶邊寒喿喿欺羅袖牖荷倦柳誚不似黃花田田照眼風味依然如舊　登臨地寂寞崇臺最久闌干

幾度搔首翻雲覆雨无窮事流水斜陽知否吟未就但衰草寒煙商略愁時候閑愁浪有總輸与淵明東籬醉舞身世付杯酒

○夜飛鵲慢 別意

驕嘶破清曉分恨臨期花下恁月明知餘光是処散離思最撩香靄霏ニ牽衣揾彈淚問凄風愁露刻地東西留鞭換佩怕匆ニ已是遲ニ　凉怯幾番羅袂還燕別文梁螢點書幃一自秋娘迢遞黃金對酒爭忍輕揮新來院落應難尋簾幕長垂怕彫梧敲徑驚回舊夢應也顰眉

漁家傲 壽白石

白石山中風景異先生日ニ懷歸計何事黃岡飛雪地偏着意盈堂却爲東坡起　人說前身坡老是文章氣節渾相似只待鼎彝勳業遂梅花外歸來長向山中醉

盧申之

木蘭花慢 别西河兩詩僧

嫩寒催客棹，載酒去，載詩歸。政紅葉漫山，清泉漱石，多少心期。三生溪橋話别，悵薜蘿猶惹翠雲衣。不似今番醉夢，帝城幾度斜暉。　鴻飛煙水渺渺，回首処，只君知。念吳江鷺憶，孤山鶴怨，依舊東西。高峯夢醒雲起，是瘦吟窗底憶君時。何日還尋後約，爲余先寄梅枝。

沁園春 双溪狎鷗

幾葉凋楓，半篙寒日，傍橋繫船。愛洞門深鎖，人間福地，双溪分占，天上星躔。破帽敧寒，短鞭敲月，此地經行知幾年。空嬴得，似沈郎銷瘦，還欠詩篇。　沙鷗伴我愁眠，向水驛風亭紅蓼邊。有村醪可飲，且須同醉，溪魚堪鱠，切莫論錢。笠澤波頭，垂虹亭上，橙蟹肥時霜滿天。相相隨否，算江南江北，惟有君閑。

菩薩蛮 春思

翠樓十二闌干曲雨痕新染蒲萄綠時節又黃昏東風深閉門　王簫吹未徹窗影梅花月无語只低眉閑拈双荔枝

滿江紅　斉雲月酌

樓倚晴空炎雲淨晚來風力滄海外箏閑吹上滿輪寒壁河漢低垂天欲近乾坤浩蕩秋无極凭欄干衣袂拂青冥知何夕　登眺地追疇昔吳越事皆陳迹對清光秖有醉吟消得万古悠〻推月在浮生衮〻空頭白自騎鯨仙去有誰知遙相憶

李公甫　名劉號梅亭

賀新郎　上趙侍郎生日

鵲立通明殿又重逢揆余初度夢庚華旦不李花奴簪紅槿且看秋香宜晚任甲子從新更換天欲東都修車馬故降神

生甫維周翰歌崧嶽詠江漢　明堂朝罷夷琛献引星辰万
人共聽風壓長箏清晝山東諸將捷席捲黄河兩岸問誰在
玉皇香案師保万民功業别向西京原廟行圭瓚定郟鄏卜
瀍澗

絶妙詞選卷之八

絕妙詞選卷之九

宋詞

張宗瑞 名輯鄱陽人自號東澤有詞二卷名東澤綺語債朱湛盧爲序稱其得詩法於姜堯章世所傳數乃集中皆以爲采石月下謫仙復作不知其又能詞也其詞皆以篇末之語而立新名云

疎簾淡月 寓桂枝香 秋思

梧桐雨細漸滴作去声秋声被風驚碎潤逼衣篝綫裊蕙鑪沈水悠悠歲月天涯醉一分秋一分憔悴紫簫吟斷素牋恨切夜寒鴻起 又何苦凄凉客裏負草堂春綠竹溪空翠落葉西風吹老幾番塵世從前諳盡江湖味聽商歌歸興千里露侵宿酒疎簾淡月照人無寐

貂裘換酒 寓賀新郎 乙未冬別馮可久

笛喚春風起向湖邊臘前折柳問君何意孤負梅花立晴晝

一舸淒涼雪底但小閣琴棋而巳佳客清朝留不住爲廉廬

只在家窗裏溢浦去兩程耳　草堂舊日談經地更從容南

山北水庾樓重倚万卷心胷幾今古牛斗多年紫氣正江上

風寒如此且趂霜天鱸魚好把貂裘換酒長安市明夜去月

千里

淮甸春　寓念奴嬌　丙申歲游高沙訪淮海事迹

短髮無㦖古更今又游臺上秋生吟興聞説坡仙來把酒月底頻

留清影極目平蕪孤城四水叠角西風勁凴欄猶在十分心

事誰領　詞卷空落人間黃樓何處回首愁深省斜照寒鴉

知幾度夢想當年名勝只有山川曾窺翰墨彷彿餘風韻舊

遊休問柳花淮甸春冷

如此江山　寓齊天樂

西風揚子、江頭路畫舟雨晴呼渡岸隔瓜洲津橫蒜石搖空
浪声千古詩仙一去但對峙金焦斷磯青樹欲下斜陽長江
渺渺正愁予　中流笑与客語把貂裘為浣半生塵土品水
烹茶看碑憶鶴恍似舊曾遊処聊憑陸請問八極神遊肯重
來否如此江山更蒼煙白鷺

釣船笛 寓好事近

載酒岳陽樓秋入洞庭深碧極目水天无際正白蘋風急
月明不見宿鷗鷺醉把玉欄拍誰解百年心事恰釣船橫笛

○ 廣寒秋 寓鵲橋仙

杯行將半月來猶未瀟洒水亭无暑清宵數客一欄秋對冰
壺荷花似語　雄邊臺上文遊臺上咫尺紅雲谷与天風吹
送廣寒秋正晝舸湖光佳処

月當窻 寓霜天曉角

看朱成碧曾醉梅花側相遇匆匆相別又爭似不相識 南
北千里隔幾時重見得最苦子規啼处一片月當窗白

山漸青 寓長相思

山无情水无情楊柳飛花春雨晴征衫長短亭 擬行行重
行行吟到江南第幾程江南山漸青

碧雲深 寓憶秦娥

風凄凄井欄絡緯驚秋啼驚秋啼凉侵好夢月正樓西 卷
簾望月知心誰關河空隔長相思長相思碧雲暮合有美人
兮

東仙 寓沁園春 馮可迁号予爲東仙故賦

東滘先生誰説能詩只到偶然但平生心事落花啼鳥多年
盟好白石清泉家近宫亭眼中廬阜九疊屏開雲錦邊出門
去且掀髯大笑有釣魚船一絲風裏嬋娟愛月在滄浪上

下天更叢書觀遍筆牀靜書蓬窻睡起茶竈踈烟黃鶴來遲
丹砂成未何日風流葛稚川人間世聽江湖詩友號我東山

南浦月 寓點絳唇 賦蘭州漁父

來廋事絲江頭一陣鳴蓑雨孤篷歸路吹得蘋風暮 短髮
蕭蕭笑與沙鷗語休歸去玉龍嘶處邀月過南浦

沙頭雨 寓點絳唇

帶醉歸時月華猶在吹簫處曉愁情緒忘却匆匆語 客裏
風霜詩鬢空如許江南去岸花迎艣遥隔沙頭雨

花自落 寓謁金門

春寂寞簾底蕙炉煙薄聽盡歸鴻書怎託相思天一角 象
筆鸞牋閒却秀句與誰商略睡起愁懷何處着無風花自落

垂楊碧 寓謁金門

花半濕睡起一窻晴色千里江南真咫尺醉中歸夢直 前

度蘭舟送客双鯉沉〻俏息樓外垂楊如此碧闘春來幾日

臨幾曲欄干万里心　欄干万里心　寓憶王孫

小樓欲色未春深緗月牽情入苦吟翠袖風前冷不禁怕登

小樓春淺記鈎簾看雪袖粘芳片倡不倡柳絮因風更細与

杏梁燕　寓解連環

品題屢呵水硯宛轉吟情縱真草鳳牋都徧到灯前笑謔酒

䄄峭寒移及是筲前　而今柳陰滿院却花空雪似人隔春遠

歎万事流水斜陽謾贏得前詩醉仔團扇脉〻重來算唯有

畫欄曾見把千種舊愁付与杏梁語燕

比梅　寓如夢令

深夜沉〻尊酒〻醒客衾寒透城角挾霜飛吹得月如眉昼

孱愁孱愁比着梅花誰瘦

○月上瓜洲　寓鷓鴣天　相見懽　南徐多景樓作

江頭又見新秋幾多愁塞草連天何処是神州　英雄恨古今淚水東流唯有漁竿明月上瓜洲

月底修簫譜　寓祝英臺近　乙未之秋高郵朱史君錢塘北関舟中

客西湖聽夜雨更向別離処小〻船窻香雪照尊俎斷腸一曲秋風行雲不語揔寫入征鴻无数　認眉嫵喚醒岩鑾風流冊砂有奇趣羞殺秦郎淮海讓千古要看自作新詞双鸞飛舞趁月底重修簫譜

○一絲風　寓訴衷情　伯松江作

卧虹千尺界湖光冷浸月茫〻當日三高何処漁唱入淒涼　人世事縱軒裳夢黄粱有誰蓑笠一釣絲風吹尽荷香

憶蘿月　寓清平樂　客盱江秋夜鼓琴思故山作

新凉窗户閒對琴言語彈到无人知得处兩袖五湖煙兩坐中斗轉參横珠躔碎落瑶觥憶看故山蘿月今宵應爲誰明

○宋謙父

名自遜號壺山南昌人文筆高絶當代名流皆敬愛之其詞集名漁樵笛譜

驀山溪 自述

壺山居士未老心先懶愛李道人家辦竹几蒲團茗椀青山可買小結屋三間開一逕俯清溪修竹栽教滿　客來便請隨分家常飯若肯小留連更薄酒三杯兩琖吟詩度曲風月任招呼身外事不關心自有天公管

沁園春 送戴石屏

歸去來兮田園將蕪云胡不歸□詩千首如斯者少行年七十從古來稀地闢東南天□□人事何緣有足時江湖

上轉不如前日步〻危機　石岸自有崇誰占海岸御頭
一磯喚綵衣孫子携壺挈榼白頭翁媼牽挨齊習身外声名
世間夢幻万事一醒无是非書來往都不須長語直寫心期

賀新郎　題雪堂

喚起東坡老問雪堂幾番興廢斜陽衰草一月有錢三十塊
何苦抽身不早又底用北門摛藻僭耳蠻煙添老色和陶詩
翻被淵明惱到底是忘言好　周郎英發人間少謾依然烏
鵲南飛山高月小歲月堂〻留不住此世何時是了算不論
英雄一笑我有豈誰千斗酒把新愁舊恨都傾倒三弄笛楚
天曉

賀新郎　七夕

靈鵲橋初就記迢〻重湖風浪去年時候歲月不留人易老
万事茫〻宇宙但獨對西風搔首巧拙豈関今夕事奈癡兒

騃女流傳談笑話柄柳州柳　道人識破灰心久只好風流
月佳時疎狂如舊休笑雙星經歲別人到中年已後雲雨夢
可曾常有雪藕調冰花重晉正梧桐雨過新涼透且隨分一
杯酒

滿江紅　秋感

牵翁西風又十載重遊秋浦對舊日江山錯携鬢絲如許廿
事與亡空感慨男兒事業誰堪數被老天開眼看人忙成今
古　江上路喧聾鼓山中地紛豺虎謾乾坤許大着身何所
名利等成狂夢寐文章亦是閑言語賴欸投酒熟蟹螯肥忘
羇旅

西江月

何敢笑人干祿自知无分彈冠只將貧賤博清閑留取書遮
老眼　世上風波任險門前路徑深寛心无妄想夢寛安穩

[illegible]鶴長鳧短

王子文 名埜號潛齋

西河

天下事問天怎忽如此陵圖誰把獻君王結愁未已少豪氣槩總成塵空餘白骨黄葦　千古恨吾老矣東遊曾弔淮水綉春臺上一廻登一廻揾淚醉歸撫劍倚西風江濤猶壯人意　只今袖手野色裏望長淮猶二千里縱有英心誰寄近新來又報胡塵起絶域張騫歸來未

曹西士 名豳号東畎

西河　和王潛齋韻

今日事何人弄得如此漫漫白骨蔽川原恨何日已關河万

里寂无煙月明空照蘆葦 謾哀痛无及矣无情莫問江水西風落日慘新亭幾人墮淚戰和何者是良籌扶危但看天意 只今寂寞藪澤裏豈无人高卧閭里試問安危誰寄定相將有詔催公起須信前書言猶未

李俊明 名昴英号文溪

摸魚兒 送王子文知太平州

怪朝來片紅初瘦半分春事風雨丹山碧水含離恨有腳艷陽難駐芳草渡侶叫住東君滿樹黄鸝語无端杜宇報采石磯頭驚濤屋大寒色要春護 陽關唱畫鷁徘徊東渚相逢知又何處摩挱老劍雄心在對酒細評今古君此去幾万里東南隻手擎天住長生壽母更穩坐安輿三槐堂上好看綵衣舞

趙用父　名以夫號虛齋

賀新郎　錢鄭金部去国

載酒陽關去正西湖連天煙草蘭堤晴昼采翠擷芳遊冶处應和嬌絃艷鼓看柳外畫船无数万頃琉璃渾鏡淨從風波洶〻魚龍舞談笑裏還如許　流觴蘭引繞離緒便東西斜陽立馬綠波南浦自是尊前高興動拾聽春山杜宇謾回首軟紅香霧咫尺佳人千里隔望空江明月橫洲渚清夢斷根如縷

黄子魯　名師參號魯庵三山人白石先生之子

沁園春　錢鄭金部去国

谷口高人偶浒明河近尺五天見紫霄宮闕空中突兀玉皇

姮侍雲裏蹁跹滴露研朱拔肝作紙細寫靈均孤憤篇揮雲
叫李大鈞不管沙界三千 語高天上驚傳早斥去人間伴
謫仙念赤城丹籍香名空在蓬萊弱水欲到无緣還倚枯槎
飄然歸去回首清都若个邊家山好有一灣風月小二漁船

潘庭堅 名昉號紫岩乙未探
花以氣節聞于時

南鄉子 題南劍州妓館

生怕倚闌干閣下溪声閣外山惟有舊時山共水依然暮雨
朝雲去不還 應是躡飛鸞月下時二整佩環月又漸低霜
又下更闌折得梅花獨自看

吳毅甫 名潛號履齋嘉定丁丑狀
元有履斎詩餘行于世

滿江紅 送李御帶珙

紅玉階前問何事翩然引去湖海上一汀鷗鷺半帆煙雨報
國无門空自怨济時有策從誰吐過垂虹亭下繫扁舟鱸堪
煮　拚一醉留君住歌一曲送君路遍江南江北欲歸何處
世事悠々渾未了年光冉々今如許試舉頭一笑問青天々
无語

滿江紅　齊山繡春臺

十二年前曾上到繡春臺頂双脚健不煩筇杖透岩穿嶺老
去漸消狂氣習重來依舊佳風景想牧之千載尚神遊空山
冷　山之下江流永江之外淮山暝望中原何處虎狼猶梗
勾蠡規模非淺近石苻事業真俄頃問古今宇宙竟如何无
人省

滿江紅　金陵烏衣園

柳帶榆錢又還過清明寒食天一笑滿園羅綺滿城簫笛花

樹得晴紅欲染遠山過雨青如滴問江南池館有誰來江南
客　烏衣巷今猶昔烏衣事今難覓但年〻燕子晚煙斜日
抖擻一春塵土債悲涼万古英雄迹且芳樽隨分趁芳時休
虛擲

水調歌頭　送吳叔永文昌

才惜季方去又更別元方驚心天上双鳳接翅下高岡万里
瞿塘煙浪一片昭亭雲月渺〻正相望夜雨連風壑此意獨
淒涼　杜鵑声猶不住攪離腸黃雞白酒吾亦歸與動家鄉
人事紛〻難料世事悠〻難說何処問穹蒼肯落兒曹后一
笑付滄浪

賀新郎　送吳叔季侍郎

說著成淒楚正塵飛岷峨灩澦兕嗥狐舞頗牧禁中留不住
彈壓征西幕府便一舸月汀煙渚回首一關天樣險問何人

自鬭蠻觸路成敗事幾今古　荼蘼芍藥春將暮歲云暮[illegible]
零柳絮撓人離緒屈指秋風吹雁訊應憶西湖夜雨誤歲[illegible]
消磨如許上下四方男子志肯臨岐呲呲兒曹語呼大白爲
君牽

賀新郎　吳中韓氏滄浪亭和吳夢窗韻

撲盡征衫氣小夷猶樽罍杖屨踏開花事解后山翁行樂處
何似烏衣舊里歎荒草舞臺歌地百歲光陰如夢斷算古今
興廢都如此何用灑兒曹淚　江南自有漁樵隊想家山猿
愁鶴怨問人歸未寄語寒梅休放盡留取三花兩蘂待老子
領些春意皎皎風流心自許儘何妨瘦影橫斜水煩翠羽伴
醒醉

○賀新郎　用趙用父左司韻送鄭宗丞

又是春殘去倚東風寒雲淡日墮紅飄絮燕社鴻秋人不問

儘管吴笙越鼓但短鬢星々无數万事推消彭澤醉也何如
袖卷長沙舞身与世只如許　闌干拍手閑情緒便明朝蒼
烟白鷺北山南浦笑指午橋々畔路簾幙深々院宇尚趂得
柳煙花霧我亦故山猿鶴怨問何時歸棹双谿渚歌一曲根
千縷

賀新郎　寄趙南仲

煙樹瓜洲岸望旌旗獵々遥空故人天遠不似沙鷗飛得渡
直到影鞍側畔但徙倚危闌目斷自古鍾情須我輩況人間
万事思量遍濤似雪風如箭　楊州十里珠簾捲想桃根桃
葉依俙舊家庭院誰把青紅吹到眼知有醉翁爲段便回首
舟移帆轉渺々江波愁未了正淮山日暮雲撩乱閣酒盞倚
歌扇

○賀新郎　春感

笑口開能幾把年々芳情冶思總拋閑裏桃杏枝頭春才半
寒食清明又是但歲月飈飛川逝回首秦樓双燕語到如今
目斷斜陽外將往事試重記　香羅尚有相思淚笑人生亦
愁易積舊歡難繼水上流紅无覓処還隔閑山万里但贏得
新來憔悴昨夜東風顛狂後想餘芳尽是飄零底詞寫就倩
誰寄

滿庭芳　春感

漠々春陰踈々春雨鵓鳩喚起春眠小園人静獨自倚秋千
又見飄紅墮雪芳徑裏都是花鈿年々事閑愁閑悶挂在綠
楊邊　尋思都遍了功名竹帛富貴貂蟬但身為利鎖心被
名牽争似依山傍水數椽外二頃良田无縈絆炊粳釀秫長
是好花天

酹江月　梅花

曉來窻外正南枝初放兩花三蘂千古春風頭上立羞退儂桃繁李姑射神遊壽陽粧褪色界塵都洗竹扉松戶平生所寄聊耳 堪笑強說和羹此君心事指高山流水隴驛凄凉却怕被哀角城頭吹起此處閑情爲它凝佇淡月清霜裏怨簷〻河事歲寒相誓而已

酹江月 暇日登新樓望揚州於雲烟縹緲之間寄越南仲端明

半空樓閣把江山圖畫一時收拾白鳥孤飛二三處最好暮天秋碧万里西風百年人事謾倚闌干拍凝眸何許揚州煙樹歷〻 應念老子年來浮名浮利已作虛空擲三徑才尋歸活計又是飄零爲客回首平生驚心双鬢容易成悽惻尊前一笑且由醉帽欹側

声声慢 和吳夢窓賦梅

挨晴揆暖載酒呼朋友棰東園西園綠剪枝頭兩三初破輕
寒平生自甘寂寞占吟妝不爲人妍林逋去問影跡香暗誰
賦其間　空想故山奇事正煙橫嶺曲月浸溪灣杏錯桃訛
那時青子都圓摧饒夢窓知処對翠禽依約神仙休引角怕
征人淚落塞邊

王實之　名邁號臞軒莆陽人

丁丑第四人及第

賀新郎　呈劉後村時自桂林被召到莆又遭煩言

出了羅浮洞有多情梅花雪片殷勤相送見說脩然琴鶴外
詩壓牛腰較重又管甚群兒嘲弄嶺海三年持翠節料无時
不作家山夢馳玉勒歸金鳳　金鳳池乃所居也　一門朱紫
環昆仲看皆庭森二蘭玉慈顏歡動宰相時來須著做且弃
萊衣侍奉却不信大才難用時事多艱人物少便中與誰辦

語溪須更大厦要梁棟

賀新郎 爲後村母夫人壽

瓔珞珠垂縷看花冠端容麗服補陀岩主只坐塵緣蹉一念朱紫叢中得度人卅福夫人兼五銀鹿諸孫來定省對金舜綉幕輝雲母人頂礼柳行路 所居地名柳行 朝〻口誦琅函句看從來壽仁福善老天无誤消得天恩封福國錦誥鸞翔鳳舞聽來歲日邊佳語上殿肩輿簾磨綉遣佳兒扶掖天癡許笑陳媼三題柱 有陳夫人者題閣師方柱云當侍父從夫及就養三〻至此廨

賀新郎 送趙伯泳侍郎守温陵

憶昔同時召正青山親提玉尺量材廊廟當日班行比元祐北玉西珠照耀一轉首宫商移調君自烏臺登騎省看精神風采增清峭數賢者一不肖 酒酣耳熱推長嘯便翩〻輟

班荷蓑一犂閙嶠堪笑狂生无用処垂老雲耕月釣這富貴
非由人要疇昔評君如玉雪好襟然琴鶴風塵表清獻後又
有趙

賀新郎　丁未守邵武宴同官

此是河清宴竟朝來薰風滿入生綃團扇太守愁眉才一展
且喜街頭米賤也莫管倡租難辦遠抱若錢无限數更蓮他
雨過珠零乱似買得凌波面　家山樂事真堪羡記年時荔
支新熟荷筒香勸底事來尋蕉鹿夢贏得乾忙似箭笑富貴
都如郵傳做了豐年還百姓便尊鱸蠏與催張翰看卿等上
青漢

摸魚兒　閩漕王幼孪作碧湾亭堂歌此詞以墨
本見寄依永和之

昔元城一生清峭南都高臥堅壁留耕便是元城樣何肯枉

吾尋思曾直筆說社稷安危屢叩龍墀額明時逐客卻恵頑
丹山來持翠節對此一灣碧 澄清暇无奈登臨有癖梅山
時訪仙迹神仙偏喜公心事一見莞然前席闊不得有先見
蓍龜消得君王憶天闇不隔要濟險孤舟支傾一柱公外向
誰覔

沁園春 迎方右史德潤

首尾四年臺省好官都做一回便前頭更有合當做底何妨
且恁猛省歸來甲第新成開尊行樂朧笛繁絃十二釵回頭
笑這狂生无用剗尽官階 狂生真个狂哉潑性氣年來全
未灰有能鱗鳳翼不能攀附牛衣瀝貝早已安排爛煑團疏
熟煨山芋白髮蒼顏窮秀才官休做莫狂无処着送去蓬臺

念奴嬌 燕春基臺宴同官

層基臺云外閱古今多少興衰成敗只有千章喬木是南國壯

王寶之

崇遺愛群籟號風繁陰蔽日有此清涼界賓朋在坐[illegible]
目明訣　更向會景亭前登高平古此景何人會歲二春[illegible]
春又去獨有靈臺春在早稻炊香晚禾搖穗管取三登共釀
成春酒把杯行樂須再

方千里　三衢人盡和美成詞

過秦樓　春思

柳灑鶊黄草揉螺黛院落雨痕才斷蜂鬚霧濕燕觜泥融陌
上細風頻扇多少豔景闌心長苦春光疾如飛箭對東風忍
負西園清賞翠深香遠　空暗憶醉走銅駝閑敲金鐙倦跡
素衣塵染因花瘦覓爲酒情鍾緑鬟幾番催變何況逢迎向
人眉黛供愁嬌波回倩料相思此際濃似飛紅万點

風流子　憶别

河梁携手别臨岐語共約踏青歸自双燕再來断无音信海棠開了還又參差料此際笑隨花便面醉驕錦鄣泥不憶故園粉愁香怨數華屋綠慘紅悲　万家歌舞地生蘚久塵暗鳳縷羅衣何限可怜心事難許歡期但兩點愁蛾才開重斂幾行清淚欲制還垂爭表為郎憔悴相見方知

訴衷情　旅思

一鈎新月淡於霜楊柳漸分行征塵厭堆襟袂雞唱促晨裝　淮水闊楚山長暗悲傷重陽天氣盃酒黃花還寄他鄉

劉靜甫　名清夫居麻沙

念奴嬌　武夷詠梅

乱山深処見寒梅一朶皎然如雪的皪妍姿羞半吐斜映小窗幽絶玉染香腮酥凝冷艶容態天然別故人雖遠對花誰

肯輕折　疑是姑射神仙，慢亭宴罷，迤邐停瑶節。愛此溪山供秀潤，飽翫洞天風月。万石叢中，百花頭上，誰与爭高潔。麓桃俗李，不須連夜催發。

沁園春　詠劉篁嵲碧蓮時內子將誕

淺碧芙蓉，素艷亭亭，前身阿嬌。記湘濱露冷，酥容倍潔，華清水滑，酒暈全消。瑶剪豐肌，雲鬭碎萼，白羽鮮明時自搖。風流處，是古香幽韻，時度鮮飈。　瓊枝璧月清標，對千朶嬋娟頎翠瓢。況水晶臺榭，低迷淨緑，氷霜詞調，隱約軽橈。細認金房鍾奇孕秀，已覓青衿橫素腰。西風晚，看花開十丈，玉井非遥。

金菊對芙蓉　沙邑巳辛縮琴妓用舊韻賦之

淺拼春山，慢橫秋水，玉纖閑理絲桐。按清泠繁露，淡竚悲風。素絃瑶軫調新韻，顫翠翹、金簇芙蓉。疊蟠重鎖，軽挑慢摘，特地情濃。　泛商刻羽无窮。似和鳴鸞鳳，律應雌雄。問高山流

水此意誰同箇中只許知音聽有茂陵車馬雍容書最嫌人靜
琴心三疊時　倒金鍾

水調歌頭

殘臘捲愁去春至莫閑愁榮枯會有成說无処着機謀身世
石中敲火富貴草頭垂露何用苦貪求三尺布衣劍千載亦
松游　憶親朋方丱角揔白頭羊腸世路巇嶮莫二且林二
選甚虎侯高爵遮莫陶公鉅產爭似五湖舟万事付蝸角止
坎謾乘流

玉樓春

柳梢綠小眉如印乍暖還寒猶未定惜花長是爲花愁殢酒
却嫌添酒病　蠅頭蝸角都休競万古豪華同一夢東君曉
夜促歸期三十六番花逈信

絕妙詞選卷之九

劉靜甫

絶妙詞選卷之十

宋詞

劉圻父 名子寰號篁嵲翁居麻沙早從朱文公之門劉後村嘗序其詩行于世

齊天樂 壽史滄洲

雅歌堂下新堤路柳外行人相語碧藕開花金桃結子三見使君初度樓臺上渚似盈出西湖水雲深處綵鷁双飛水亭開宴近重午　溪浦堪薦綠醑幔亭何惜爲曾孫留住碧水吟哦滄洲夢想未放舟横野渡維申及甫正夾輔中興擎天作柱頤祝萬高歲添長命縷

○花發沁園春 呈史滄洲

換譜伊凉選歌燕趙一番樂事重起花新笑靨柳軟纖腰濟楚衆芳園裏年年佳會長是傍清明天氣正魏紫衣染天香

蜀粧紅破春睡　一簇鍠羅鳳翠遍東園西城點撿芳事鈴
齋吏散書館人稀幾闋管絃清脆人生適意流轉共風光遊
戲到遇景取次成歡怎教良夜休醉

玉樓春　蘋小竿頭

今來古往吳京道歲二榮枯原上草行人幾度到江濱不覓
身隨風樹老　蒲花易晚芦花早客裏光陰如過鳥一般垂
柳短長亭去路不如歸路好

沁園春　西岩三澗

雲壑泉泓小者如盂大者如甕更石筵平瑩寬容數客淙流
回激環遶飛觥三澗交流兩崖懸瀑擣雪飛霜落翠屏經行
處有冊美碧草古木蒼藤　裴回卻倚山楹笑山水娛人若
有情見傍回側轉峯巒疊二欲窮還有岩谷層二仰視雲間
芽茨雞犬疑有仙家來避秦青林表望煙霞縹緲隱二鳶笙

賀新郎 登玉田峯

拄杖凌高絶望千山隱〻波瀾動揺天末下有白雲平遥望湧起潮頭噴雪浸絶島孤峯出沒赤縣神州何処是但風煙杳〻迷空闊呼不見古人物　碧拉枝下青瑶石峯頭看長空湛〻淡琉璃色上界星辰多官府參父〻鞭日月任兎走烏飛超忽宇宙茫〻如許大百年間何用爭優劣身世事一毛髪

滿江紅 風泉峽觀泉

雲壑飛泉蒲根下懸流陸續甚愛処石池湛〻一方寒玉暑際直當磐石坐渴來自引懸瓢掬聽泠〻清響濕淙琤勝絲竹　寒照膽消炎燠清徹骨无塵俗笑幽人折屐滞留空谷静坐一時看松鼠飲醉眠不礙山禽浴喚仙人伴我酌瓊瑤餐

秋菊 一

霜天曉角 春愁

横陰漠〻似覓羅不薄正是海棠時候紗窗外東風惡 惜春〻寂寞尋花〻冷落不會這些〻情味元不是念離索

洞仙歌 寄劉令君潜夫

風鬟雨足也解爲花地收拾浮雲放新霽愛調亭小翠點滴猩紅新粧了妃子朝來睡起 遥知春有主整頓歡娱只在新亭錦園底便遥歌燕趙按簡鄒枚須記作它日城山盛事笑東君不用管楊花任飛去天涯在東風裏

吴君特

名文英自號夢窗四明人從吴履齋諸公遊山陰尹煥叙其詞略曰求詞於吾 宋者前有清真後有夢窗此非煥之言四海之公言也

声〻慢 閏重九飲郭園

檀欒金碧婀娜蓬萊游雲不蘸芳洲露柳霜蓮十分點綴殘

秋新寄書眉未穩似含羞低度墻頭愁送遠駐西臺車馬共

惜臨流　知道池亭多宴掩庭花長是驚落秦謳賦粉閑干

猶聞凭袖香留輸他翠漣拍甃瞰新粧終日凝眸簾半捲帶

黄花人在小樓

倦尋芳　錢周材定夫

暮帆挂雨冰岸飛梅春思零乱送客將歸偏是故宮離恨醉

酒曾同涼月舞尋芳還隔紅塵面去難留悵芙蓉路窄綠楊

天遠　便繫馬鶯邊清曉煙草晴花沙潤香軟爛錦年華誰

念故人遊倦寒食相思隄上路行雲應在孤山畔寄新吟莫

空回五湖春鴈

絳都春　為清華內子壽

香深霧暖正人在錦瑟年華深院舊日漢宮分得紅蘭滋昇

苑臨池蕋落梅花片弄水月初勻妝面紫煙籠處双鸞共跨

洞簫低按　歌莞紅圍翠袖凍雲外似覓東風先轉繡[illegible]
遲花底天寬春无限仙郎驕馬瓊林宴待捲上珠簾教看[illegible]
傳鶯入新年　宝釵夢燕

唐多令　惜別

何処合成愁離人心上秋縱芭蕉不雨也颼颼都道晚涼天
氣好有明月怕登樓　年事夢中休花空煙水流燕辭歸客
尚淹留垂柳不縈裙帶住謾長是繫行舟

法曲獻仙音　和丁宏菴韵

落葉霞翻敗窻風咽暮色凄涼深院瘦不關秋淚緑生別情
銷鬢霜千點悵翠冷搔頭燕那能語恩怨　紫簫遠記桃枝
向隨春渡愁未洗鉛水又將恨染粉縞涴離箱忍重拈灯夜
裁剪望極藍橋綵雲飛羅扇歌斷料鶯籠玉鎖夢裏隔花時
見

好事近　秋飲

隔外雨絲〻將恨和愁都織玉骨西風添瘦減尊前歌力

袖香曾枕醉紅腮依約唾痕碧花下凌波入夢引春雛双隻

憶舊遊　別黃澹翁

送人猶未苦〻送春隨人去天涯片紅都飛尽陰〻潤綠暗

裏啼鴂賦情頓雪双鬢飛夢逐塵沙歎病渴淒涼分香瘦減

兩地看花　西湖斷橋路想繫馬垂楊依舊欹斜葵麥迷煙

処問離巢孤燕飛過誰家故人為寫深怨空壁掃秋蛇但醉

上吳臺殘陽草色歸思賒

宴清都

病渴文園久梨花月夢殘春故人舊愁彈枕雨裏翻帽雪為

情偏懨千金醉躍驕驄試問取朱橋翠柳痛恨不買斷斜陽

西湖醞入春酒　吳宮亂水斜煙留連倦客慵更回首幽蛩

韵苦哀鴻叫絶断音難偶題紅泥兼零乱想夜冷江楓暗瘦
付与誰一半悲秋行雲在否

金縷歌 陪履斎先生滄浪看梅

喬木生雲氣訪中興英雄陳迹暗追前事戦艦東風慳借便
夢断神州故里旋小築吳宮閑地華表月明帰夜鶴歎當時
花竹今如此枝上露濺清涙 遨頭小簇行春隊步蒼苔尋
幽别塢看梅開未重唱梅邊新度曲催發寒梢凍蘂此心与
東君同意後不如今二非昔兩无言相對滄浪水懐此恨寄
殘醉

陳敬叟 名以莊號月溪建安人

水龍吟 記錢塘之恨

晚來江闊潮平越船吳榜催人去稽山滴翠胥濤濺恨一襟

離緒訪柳章臺問桃仙浦物華如故向秋娘渡口泰娘橋畔依俙是相逢処　窈窕青門紫曲舊羅新衣翻金縷舊音從記輕攏慢撚哀絃危柱金屋難成阿嬌已遠不堪春暮聽一声杜宇紅殷緑老雨花風絮

賀新郎　和劉潛夫韻

曉夢鶯呼起便安排詩家厨傳酒家行李點檢花邊新雨露春在万家生齒道官似錦溪清駛但使有人耕緑野正不妨鼓吹頻來此方覔句且夷俟　孟橋西畔多春意記年二曾來幾度落花流水行到水窮雲起処依約輞川竹里與末屬王孫公子料想明年端門裏有傳柑宴罷黃封醉背回首万杉底

馮熙之　名取洽號双溪翁延平人

摸魚兒 和玉林韵蓋爲遺蛻山中桃花作

歎劉郎船回輕別，霏二三三落紅雨。玄都觀裏應遺恨，一抹淡煙殘縷。愁望処，想霧暗雲深，悉却來時路。新花舊主，記刻羽流商，裁紅翦翠。山徑日將暮。空枝上，時有幽禽對語。声二如問來否。人生行樂須臾閒，健衰老念誰免此。吾所去在谿上深二，錦綉千花塢。何時定去，但對酒思君，呼兒爲我頻唱小桃句。

賀新郎 送別江定軒

夢折營門柳，送君歸，贊戲斑衣，又攏征袖。到得皇州風景異，只有湖山似舊。把感慨，寓之杯酒。雨抹晴粧西子樣，且平章劍賦詩千首。富与貴，本來有。　青油幕底籌攻守。擁貔貅，釰氣凌雲，夜鋒衝斗。蜀祲淮氛猶在眼，一掃敵須健帚。又何惜，驅馳奔走。快展韜鈐資世用，看歸來，金印懸双肘。傾玉斝，爲

親壽

沁園春 中和節日爲黄玉林壽

稟氣之中具聖之和生逢令辰筭三春中月方纔破二百年大齊去声恰則平分立玉林深散花庵小中有翛然自在身詩何似二蘇州閒遠庾府清新 青鞋布韈烏巾試勇往蓉谿一問津有心香一瓣心声一闋更携阿文同壽靈椿劫二長存生二不息富極深根秋又春聊添我作去声風流二老歲二尋盟

西江月 太歲日作

老子齊頭六十新年第一今朝放開懷抱不須焦万事付之一笑 煙柳效顰翠斂露桃獻笑紅妖已拚行樂到元宵尚可追隨年少

蝶戀花 和玉林韵

秋到双溪〻上樹葉〻凉声未省來何許尽拓溪樓窻与戶倚欄清夜窺河鼓　那得吟朋同此住獨對秋芳欲寄花无処杖屨相從曾有語未來先自愁君去

馮偉壽

名文子號雲月双溪子精於律呂詞多自製腔

玉連環　憶李謫仙

謫仙往矣問當年飲中儔侶于今誰在歎沈香醉夢胡塵日月流浪錦袍宮帶高吟三峽動舞劒九州隘玉皇歸覲半空遺下詩囊酒珮　雲月仰挹清芬攬虬鬚尚友千載晉宋頽波羲黃春夢轉前一嘅待相將共躡龍肩鯨背海山何処五雲靉二

春風裊娜　春恨　黄鍾羽

被梁間双燕話尽春愁朝粉謝午花柔倚紅欄故与蝶圍蜂

縺柳綿无数飛上搔頭鳳笙声圓蚕旁香煖笑撚羅衫[illegible]

留隔院蘭馨趂風遠鄰墻桃影伴煙收　些子風情未減眉

頭眼尾万千事欲説還休　薔薇露牡丹毬殷勤記省前度綢繆

夢裏飛紅覓來无覓望中新綠別後空稠相思難偶歎无情

明月今年已是三度如鉤

春雲怨　上巳　黄鍾商

春風惡劣把数枝香錦和鶯吹折雨重柳腰嬌困燕子欲扶

扶不得軟日烘烟乾風收霧芍藥荼蘼弄顔色簾幙輕陰圖

書清潤日永篆香絶　盈盈笑靨宮黄額試紅鸞小扇丁香

双結團鳳眉心倩郎貼教洗金罍共看西堂醉花新月曲水

成空麗人何処往事暮雲万葉

雲僊引　桂花　夾鍾羽

紫鳳臺高紅鸞鏡裏䬳䬳　幾度秋聲黄金重綠雲輕丹砂鬢

邊滴粟翠葉玲瓏㶿剪成含笑出簾月香滿袖天霧縈身
年時花下逢迎有遊女翩〻如五雲乱擲芳英爲簪斜朶事
事闗心長向金風一枝在手嗅蕊悲歌双黛嚬蹙臨溪樹對
初弦月露下更深

眼兒媚 春情

自嚬双黛聽啼鴉簾外翠烟斜社前風雨巳帰燕子未入人
家 鞋兒試着无人看莫是忒寛些想它楼上悶拈簫管樵
捽鶯花

木蘭花慢 和荅玉林韻

酒醒人世換碧桃靚海山春任青鳥沈〻紫鱗杳〻有玉林
人宮袍禅頭未愛〻荷衣不染市朝塵仙様蓬萊翰墨雲間
鸞鳳精神 笑呼銀漢入金鯨瓊宛自由身羨咳唾成章香
薰花霧音和韶鈞六丁夜來捧去便天人也自歎尖新那得

金戔飛洒浩歌飛步蒼旻

李耘叟

名芸子號芳洲昭武人石屏序其詞最稱賞于懷渺〻以下數語

木蘭花慢 秋意

占西風早处一番雨一番秋記故国斜陽去年今日落葉林幽逃歌幾回激烈寄疎狂酒令与詩籌遺恨清商易改多情紫燕難留 嗟休觸緒蚕絲抽舊事續何由柰子懷渺〻羈愁鬱〻歸夢悠〻生平不如老杜便如它飄泊也風流寄語庭柯徑菊甚時得棹孤舟

連可父

名父道江湖得道之士也十二歲已能作詩其父携見熊曲肱適有漁父過前令賦漁父詞曲肱贈以詩且謂此子富貴中留不住後果爲羽衣多往來西山

○清平樂 漁父

陣鴻驚処一網沉江渚落葉乱風和細雨撥棹不如帰去芦花輕汎微瀾蓬窻獨自清閑一覓遊仙好夢任它竹冷松寒

洪叔璵 名瑹自號空同詞客

月華清 春夜對月

花影摇春虫声吟暮几霄雲幕初捲誰驚氷蟾擁出桂輪天半素魄映青瑣窻前皓彩散画闌干畔凝眸見金波晃漾分輝鵲殿 况是風柔夜暖正燕子新來海棠微綻不似秋光只照離人腸断根无柰利鎖名韁誰為喚舞裙歌扇吟玩怕銅壺催曉玉繩低轉

水龍吟 追和晁次膺

經年不見書來後期杳〻從誰問梅英蝶小柳枝金嫩艷[illegible]
春近羅幕風柔泛紅浮綠連朝花信念平生多少情條恨葉
鎖長使芳心困　可是風流薄命鏡臺前鬆〻蟬鬢貲茜桃凝
粉薰蘭褪膩翠愁紅損縱使歸來灯前月下恐難相認卷重
簾憔悴殘粧淚洗把羅襟搵

驀山溪　憶中都

潮平風穩行色催津鼓回首望重城但滿眼紅雲紫霧分香
解佩空記小樓東銀燭暗綉簾垂昵〻凭肩語　関山千里
垂柳河橋路燕子又歸來但惹得滿身花雨彩箋不寄蘭夢
更无憑灯影下月明中魂斷金釵股

齊天樂　閨思

轆轤声破銀床凍霜寒又侵鴛被皓月疎鍾悲風斷漏驚起
畫樓人睡銀屏十二歎塵滿絲簧暗消金翠可恨風流故人

迢遞隔千里 相思情緒最苦舊歡无續處魂夢空費斷鴈无情離鸞有恨空想吳山越水花樵玉悴但翠黛愁横紅鉛淚洗待剪江梅倩人傳此意

菩薩蛮 宿水口

斷虹遠飲横江水万山紫翠斜陽裏繫馬短亭西丹楓明酒旗 浮生長客路事逐孤鴻去又是月黄昏寒灯人閉門

菩薩蛮 湖上

吳姬壓酒浮紅蟻少年未飲心先醉駐馬緑楊陰酒樓三月春 相看成一笑遺恨知多少回首欲魂銷長橋連斷橋

踏莎行 别意

滿ニ金盃垂ニ玉筯離歌不放行人去醉中扶上木蘭船醒来忘却桃源路 帶綰同心釵分一股斷魂空草高唐賦愁山万疊水雲深茫ニ无着相思處

瑞鶴仙 薛姿代意

聽梅花吹動涼夜何其明星有爛相看淚如霰散問而今去也何時會面匆匆聚散恐便作秋鴻社燕最傷情夜來枕上斷雲零雨何限　因念人生万事回首悲涼都成夢幻芳心繾綣空惆悵巫陽館况船頭一轉三千餘里隱隱高城不見根无情春水連天片帆似箭

浪淘沙 別意

花霧漲冥冥欲雨還晴薄羅衫子正宜春无奈今宵鴛帳裏身是行人　別酒不須斟難洗離情絲鞘如電紫騮鳴腸斷畫橋芳草路月曉風清

南柯子 新月

柳浪摇晴沼荷風度晚簷碧天如水印新蟾一縷清光斜露玉纖纖　宝鏡微開匣金鉤半押簾西樓今夜有人欲應傍

妝臺低照畫眉尖

永遇樂 送春

歌雲徘徊夢雲溶曳欲勸春住薄倖楊花无端杜宇抵死催教去參差烟岫千回百匝不解禁春歸路病厭〻那堪更聽小樓一夜風雨 金釵鬬草玉盤行菜往事了无憑據合數松兒分香帕子摠是牽情処小桃朱户題詩在否尚憶去年崔護綠陰中鶯〻燕〻也應解語

謁金門 春晚

風共雨催尽乱紅飛絮百計留春〻不住杜鵑声更苦 細柳官河狹路幾被嬋娟相誤空憶墜鞭遺扇処碧窓眉語度

菩薩蛮 春感

玉琴不療文園病對花長抱深〻恨〻入鬢霜邊才情輸少年 蛾眉梳墮馬翠袖薰蘭麝醉夢未全醒綠窓啼曉鶯

阮郎歸 壬辰部武試灯夕

東風吹破藻池氷晴光開五雲緑情紅意兩逢迎扶春來遠林 花艷〻玉英〻羅衣金縷明鬧蛾児簇小蜻蜓相呼看試灯

行香子 代贈

楚〻精神楊柳腰身是風流天上飛瓊凌波微步羅襪生塵有許多嬌許多韻許多情 十年心事兩字省婚問何時真个行雲秋衾半冷窻月窺人想為人愁為人瘦為人嚬

鷓鴣天 情景

意態嬋娟畫不如瑩然初日照芙蕖笑揖瓊佩遺交甫肯把文梭擲幼輿 花上蝶水中鳬芳心密意兩相於情知不作庭前柳到得秋來日〻踈

黃叔暘 名彖號玉林又號花菴

賀新郎 題双溪馮熙之交游風月之樓

倦整摩天翼笑歸來點畫亭臺按行泉石落〻元龍湖海氣更着高樓百尺收攬盡水光山色曾駕飆車蟠宮去幾回批借月支風敕斯二者慣相識 玲瓏窗户青紅濕夜深時寒光爽氣洗清肝鬲似此交游真灑落判与升堂入室有万象來爲賓客不用笙歌輕點涴看仙翁手攦虹霓筆吟思遠两峯碧 樓對两峯甚奇

賀新郎 乙巳正月十日双溪携酒遺蛻亭桃花方開主人浩歌酌客歡甚即席作此

風送行春步漸行〻山回路轉入雲深處問訊花梢春幾許半在詩人杖屨點〻是祥烟高處中有瑶池千歲種整妝

來作集仙侶相娩媚試凝竚　風流座上揮談塵更多情多
才多調綏歌金縷趂取秀時同宴賞莫惜清樽緩斉有明月
隨人歸去從此一春須一到頣東君長与花爲主泉共石聞
斯語

賀新郎 菊

莫恨黄花瘦正千林風霜摇落暮秋時候晚節相看元不惡
采〻東籬獨秀試攬結幽香盈手幾耕修來方得到与淵明
千載爲知舊同吟淡比蘭友　紫桑心事君知否把人間功
名富貴付之塵垢不肯折腰營口腹一笑歸歎五栁悵此意
而今安有若得風流如此老也何妨相對无杯酒詩自可了
重九

賀新郎 梅

自掃梅花下問梢頭吟蘂蹀〻幾時開也聞者闆焉今久矣

多少幽懷欲寫有誰是孤山流亞香月一聯真絕唱与詩人千載為嘉話餘與味付來者　清癯不戀華亭樹待与君白髮相親竹籬茅舍喜甚今年无酒禁溜〻小槽壓蔗巴準擬雪天霜夜自醉自吟仍自笑任解冠落珮從嘲罵書此意寄同社

木蘭花慢　題馮雲月玉連環詞後

自沈香夢斷風雨外失餘春悵袍錦淋漓金鑾論奏四海无人蛾眉古來見妬柰昭陽飛燕亦成塵惟有空梁落月至今能為傳神　神遊八表跨長鯨誰是再來身愛雲月溪頭玉環一曲筆力千鈞人間不堪着眼但香名百世尚如新乞我九霞璧珮梯空共上秋旻

木蘭花慢　乙巳病中

問潘郎兩鬢更禁得幾番秋悵病骨臞〻幽懷渺〻短髮颼

黄

颶雲邊一聲長笛這風情都屬趙家樓歡桃園尋藥畏寫人
慵訊香篝　悠〻老矣復爲求何止賦三休念少日書[illegible]中
年酒病晚歲詩愁已攀桂花作證便從今把筆一齊勾只有
烟霞痼疾相陪風月交游

木蘭花慢 懷舊

問春〻不語謾新綠滿芳洲記歷〻前遊看花南陌命酒西
樓東風翠紅圍繞把功名一笑付糟丘醉裏了忘身世吟邊
自負風流　風流莫〻復休〻白髮漸盈頭悵十載重來略
无歡意惟有閑愁多情向人似舊但小桃婀娜柳纖柔望斷
殘霞落日水天拍〻飛鷗

南柯子 丁酉清明

天上傳新火人間試裌衣定巢新燕覓香泥不爲繡簾朱戶
說相思　側帽吹飛絮憑欄送落暉粉痕銷淡錦書稀怕見

山南山北子規啼

○南柯子 丙申重九

蘭佩秋風冷萸囊曉露新多情多感怯芳辰強折黃花來照
碧鱗鱗 落帽參軍醉空樽靖節貧世間那復有斯人目送
歸鴻西去一傷神

行香子 梅

寒意方濃暖信才通是晴陽暗拆花封冰霜作骨玉雪爲容
看躰清癯香淡竚影朦朧 孤城小驛斷角殘鍾又无邊散
与春風芳心一點幽恨千重任雪霏霏雲漠漠月溶溶

賣花声 己亥三月一日

鶯蝶太匆匆惱殺衰翁牡丹開尽狀元紅俯仰之間增感槩
花事成空 垂柳綠陰中粉絮濛濛多情多病轉疏慵不是
東風孤負我我負東風

賣花声 憶舊

秋色滿層霄剪〃寒飈一襟残照兩无聊數尽归鴉人不見落木蕭〃 往事欲魂消夢想風標春江綠漲水平橋側帽停鞭沽酒処楊柳軟鶯嬌

長相思 秋懷

天悠〃水悠〃月印金樞曉未收笛声人倚樓 芦花秋蓼花秋催得吴霜點鬢稠香箋莫寄愁

長相思 秋夜

砧声齊杵声齊金井欄邊敗葉飛夜寒烏不棲 風凄〃露凄〃影轉梧桐月巳西花冠窓外啼

長相思 春晚

惜春归愛春归脫了羅衣着紵衣綠陰黄鳥啼 酒醒時夢醒時清簟疎簾一局棊丁東風馬兒

感皇恩 送饒溪臺游浙

騎鶴上楊州腰纏十万拈起詩人舊公案看山看水此去勝遊須徧煩君收拾取帰吟卷 少日風流暮年蕭散佳処何妨小留欵沙河塘上落日綉簾爭捲也須拼拭起看花眼

○蝶恋花 春感

百計留春〻不住褪粉吹香日〻催教去心事欲憑鶯語訴流鶯划地无憑據 緑玉闌干圍綺戶一點柔紅應在深〻処想倚翠簾吹柳絮淺顰惆悵孝期誤

月照梨花 閨愁

晝景方永重簾花影好夢猶酣鸎聲喚醒門外風絮交飛送春帰 脩蛾盈了无人問幾多別恨淚洗殘粧粉不知郎馬何処烟草萋迷鷓鴣啼

摸魚兒 爲遺蜕山中桃花作寄馮雲月

閒山中小桃開後，曾經多少晴雨。遥知載酒花邊去，唱我詞

歌金縷。行樂處，正蝶繞蜂圍，錦繡迷无路。風光有主。想寄語（故）

西阡，停杯北望，〻斷碧雲暮。　花知道，應倩斑鳩寄語，年來

老子安否。一春一到成虛約，不道樹猶如此，煩說与，但歲〻

東風粧點紅雲塢。劉郎老去。待有日重來，同君一笑，拈起看

花句。

水龍吟　贈丁南隣

少年有志封侯，彎弓欲挂扶桑外。一朝斂縮，蕭然清興，了无

拘礙。袖裏陰符，枕中鴻寶，功名蟬蛻。看舌端霹靂，劇談玄妙，

人間世，疑无對。　閬苑醉鄉佳處，想當年、綠陰猶在。群仙寄

語，不須點勘，鬼神功罪。碧海千尋，赤城万丈，風高浪快。待踞

龜食蛤，相期汗漫，与烟霞會。

西河　己亥秋作

天似洗殘秋未有寒意何人短笛弄西風數声壯偉倚欄感
慨展双眸離〻烟樹如薺　少年事成夢裏客愁付与流水
筆牀茶具茗空山未妨肆志世間富貴要時賢深居宜有餘
味　大江東去日西墜想悠〻千古與廢此地閱人多矣且
揮絃寄興氛埃之外目送蜚鴻歸天際

○清平樂宮怨

珠簾寂〻愁背銀釭泣記得少年初選入三十六宮第一
當時掌上承恩而今冷落長門又是羊車過也月明花落黃
昏

○清平樂宮詞

深〻禁籞麥日明鸞羽風動槐龍交翠舞拾〻花陰亭午
一簾暖絮悠颺金炉旋炷沈香天子方看諫疏内人休鬬新
粧

○酹江月 戲題玉林

玉林何有ミ一湾蓮沼數間茅宇斷塹踈籬聊便幸耶得粉墻朱戶禾黍秋風雞豚曉日活脱田家趣客來茶罷自挑野菜同煮 多少甲第連雲十眉環座人醉黃金塢回首邯鄲春夢破香落珠歌翠舞得似衰翁蕭然陋巷長作溪山主紫芝之可採更尋岩谷深処

○酹江月 夜涼

西風解事為人間洗尽三庚煩暑一枕新涼宜客夢飛入藕花深処氷雪襟懷琉璃世界夜氣清如許劃然長嘯起來秋滿庭戶 應笑楚客才高蘭成愁悴遺恨傳千古作賦吟詩空自好不直一杯秋露淡月闌干微雲河漢耿ミ天催曙此情誰會梧桐葉上踈雨

浣沙溪 蘸曾

鍾磬玲玲夜未央，梨花庭院月如霜。步虛聲裏拜瑶章。紫極清都雲渺渺，紅塵濁世事茫茫。未知誰有返魂香。

鷓鴣天　暮春

沈水香銷夢半醒，斜陽恰照竹間亭。戲臨小草書團扇，自揀殘花插淨瓶。　鶯宛轉，燕丁寧，晴波不動晚山青。玉人只怨春歸去，不道槐雲緑滿庭。

鷓鴣天　張園作

雨過芙蕖葉葉涼，摩挲短髮照横塘。一行歸鷺拖秋色，幾樹鳴蟬餞夕陽。　花側畔，柳旁相，微雲澹月又昏黄。風流不在談鋒勝，袖手無言味最長。

秦樓月　秋夕

心如結，西風老盡黄花節。黄花節，塞鴻聲斷，冷淒淒月。　漢朝陵廟唐宮闕，興衰萬變從誰説。從誰説，千年青史，幾人華髮。

重疊金 壬寅立秋

西風半夜驚羅扇蛩声入夢傳幽怨碧藕試初涼露痕啼粉

香 清冰凝簟竹不許双鴛宿又是五更鍾鵶啼金井桐

重疊金 冬

南山未解松梢雪西山已掛梅梢月説佀玉林人人間无此

清 此身元是客小住娛今夕拍手凭闌干霜風吹鬢寒

重疊金 除日立春

銀幡綵勝參差剪東風吹上釵頭燕一笑繞花身小桃先報

春 新春今日是明日新年至擘爾莫探官人間行路難

謁金門 初春

花事淺方費化工匀染墻角紅梅開未遍小桃才數點 人

在暮寒庭院閑續茶經香傳酒思如冰詩思懶雨声簾不捲

南鄉子 夏夜

多病帶圍寬未到衰年巳鮮歡夢破小樓風馬響珊〻缺月无情轉畫欄　涼入芧衾單起探灯花夜欲闌書冊滿床空伴睡擁觀拈得漁樵笛譜看

南鄉子　夜景

万籟寂无衾鐵稜〻近五更香斷灯昏吟未穩淒清只有霜華伴月明　應是夜寒凝惱得梅花睡不成我念梅花〻念我閑情起看清氷滿玉缾

花發沁園春　芍藥會上

曉燕傳情午鶯喧夢起來檢校芳事荼蘼褪雪楊柳吹綿迤邐麥秋天氣翻階傍砌看芍藥新推嬌媚正鳳紫勻染綃裳猩紅輕透羅袂　晝暖朱闌困倚是天姿妖嬈不減姚魏隨蜂惹粉趂蝶棲香引動少年情味花濃酒美人正翠紅圍裏問誰是第一風流折花簪向雲髻

阮郎歸 　做姜堯章躰

粉香吹暖透單衣金泥双鳳飛閑來花下立多時春風酒醒遲 桃葉曲柳枝詞芳心空自知湘皐月冷佩声微鴈帰人不歸

鵲橋仙

青林雨歇珠簾風細人在綠陰庭院夜來能有幾多寒已瘦了棃花一半 宝釵无據玉琴難托合造一襟幽怨雲窻霧閣事茫二試与問杏梁双燕

玉林此編亦姑據家藏文集之所有朋游聞見之所傳詞之妙者固不止此嗣有所得當續刊之若其序次亦隨得之先後非固為之高下也其間躰製不同要非英妙傑特之作　觀者其詳之

選卷之十

此書惟見於敏求記餘無聞焉況詞集之宋刊獨
罕而選詞尤尠傳世者今惟海源閣之花間集及
此兩書耳詞集之存者瞿氏有東山、盧川兩詞半已
缺殘予以一歲之中竟獲兩片玉詞注合此可以三絶
豪矣 三月十九夜識於玉泉山舍 寒雲

己未秋觀於積慶廣齋 長洲章保世記

戊午上巳三舍姚朋圖觀於都下

中興以來絶妙詞選十卷爲花庵詞選後集故板心一后字讀書敏求記云萬曆二年龍丘桐源舒氏新雕本間有缺字此則淳祐己酉所刻本也所指當即此本書尾木記後有劉氏木印蓋即花庵自序所謂親友劉誠甫謀鋟諸梓者是也天禄書目有元刻一部合前后集凡五冊云藏書家印記且后集配鈔一二兩卷與此部皆不合此與常蘇州集同舉自滿貴族某氏家皆爲天禄書目未載之書至可寶也丙辰三月十八日寒雲記於後百宋廛中

中華古籍保護計劃

ZHONG HUA GU JI BAO HU JI HUA CHENG GUO

·成果·

（宋）黄昇 輯

宋本中興以來絶妙詞選

第一册

國家圖書館出版社

圖書在版編目(CIP)數據

宋本中興以來絶妙詞選:全二册/(宋)黄昇輯.-- 北京:國家圖書館出版社,2017.10

(國學基本典籍叢刊)

ISBN 978-7-5013-6261-5

Ⅰ.①宋… Ⅱ.①黄… Ⅲ.①宋詞—選集 Ⅳ.①I222.844

中國版本圖書館 CIP 數據核字(2017)第 241665 號

書　　名 宋本中興以來絶妙詞選(全二册)
著　　者 (宋)黄昇　輯
責任編輯 黄　鑫
封面設計 徐新狀

出　　版 國家圖書館出版社(100034　北京市西城區文津街7號)
(原書目文獻出版社　北京圖書館出版社)
發　　行 010-66114536　66126153　66151313　66175620
66121706(傳真)　66126156(門市部)
E-mail nlcpress@nlc.cn(郵購)
Website www.nlcpress.com→投稿中心
經　　銷 新華書店
印　　裝 河北三河弘翰印務有限公司
版　　次 2017年10月第1版　2017年10月第1次印刷

開　　本 880×1230(毫米)　1/32
印　　張 11.25

書　　號 ISBN 978-7-5013-6261-5
定　　價 36.00 圓

《國學基本典籍叢刊》前言

國家圖書館出版社（原書目文獻出版社 北京圖書館出版社）成立三十多年來，出版了大量的中國傳統文化典籍。由於這些典籍的出版往往採用叢書的方式或綫裝形式，供公共圖書館和大學圖書館典藏使用，普通讀者因價格較高、部頭較大，不易購買使用。爲弘揚優秀傳統文化，滿足廣大普通讀者的需求，現將經、史、子、集各部的常用典籍，選擇善本，分輯陸續出版單行本。每書之前均加簡要説明，必要者加編目録和索引，總名《國學基本典籍叢刊》。歡迎讀者提出寶貴意見和建議，以使這項工作逐步完善。

國家圖書館出版社

二〇一六年四月

序言

《中興以來絶妙詞選》十卷，宋黄昇輯。黄昇，字叔暘，號玉林，又號花庵，福建人。黄氏爲南宋理宗時期江湖名士，以詩詞聞名於時。本次影印所據底本爲國家圖書館藏宋淳祐九年（一二四九）劉誠甫刻本。此本有淳祐九年胡德方序，説：『玉林早棄科舉，雅意讀書，間從吟詠自適。閣學受齋游公（九功）嘗稱其詩爲晴空冰柱。閫帥秋房樓公聞其與魏菊莊（慶之）爲友，並以泉石清士目之。其人如此，其詞選可知矣。』書中録有黄氏淳祐五年《木蘭花慢》詞，稱『少日書癡，中年酒病，晚歲詩愁』，可知其生平大略。《四庫全書總目》該書提要稱其詞『上逼少游，近摹白石，九功贈詩所云「晴空見冰柱」者，庶幾似之』。馮煦《蒿庵論詞》則謂其詞『專尚細膩』。

黄昇所輯《唐宋諸賢絶妙詞選》《中興以來絶妙詞選》各十卷，南宋淳祐間成書，後世著録合稱《花庵絶妙詞選》或《花庵詞選》。《唐宋諸賢絶妙詞選》收唐李白至北宋末王昴等人作品，計唐五代二十六家，宋一百零八家；《中興以來絶妙詞選》收南宋康與之至洪瑹八十八家詞，附黄昇自作三十八首。

此本卷前有宋淳祐九年黄氏自序及胡德方序，卷末有刊書木記三行，文中涉宋帝空一格。黄氏自序説其『親友劉誠甫謀刊諸梓』，此本卷十末葉有劉氏木記，應即劉誠甫刊本。黄氏所輯《唐宋諸賢絶妙詞選》與《中興以來絶妙詞選》二編，今日所知宋刻僅此《中興以來絶妙詞選》孤本，前書已無宋刻存世。嗣後久久不聞重刊，至明萬曆二年（一五七四）舒伯明刻《中興以來絶妙詞選》十卷，四年（一五七六）刻《唐宋諸賢絶妙詞選》十卷，此書復顯於世。舒伯明刻本印章圖記摹勒舊本，與此本一一相符，然而行款不合。舒刻版片後歸秦堣，有萬曆四十二年（一六一四）印本。毛晉汲古閣據萬曆本重刻，收入《詞苑英華》。毛本輯者題名『昇』誤作『昪』，爲《四庫全書總目》該書提要所譏。清乾隆修《四庫全書》，據毛本輯入。民國時期陶湘曾據此本影刻行世，爲《涉園景宋金元明本詞》二十三種之一。陶本影摹精美，爲人所稱，可惜時有失真之處。

宋本有前人朱墨筆改字，卷六姜堯章《淡黄柳》『成秋苑』，『苑』墨筆改『苑』爲『色』；卷八劉叔安《漢宫春》『晴緑平州』，墨筆改『州』爲『川』；卷九張宗瑞《月上瓜洲》調名下注『寓烏夜啼』，朱筆改爲『寓相見懽』，陶本皆從改筆。按：『烏夜啼』，舒、毛二刻亦作『相見懽』，其實《相見懽》一調宋人亦名《烏夜啼》，宋本不誤。

此本有清内府天禄琳琅藏印。檢《天禄琳琅書目後編》卷十一著録黄氏《絶妙詞選》二十卷元刻一部，一函五册；卷二十著録明刻一部，一函四册，闕補《中興詞選》卷一之一、二兩葉。民國

二十三年（一九三四）出版《故宫善本書目》已確認後一本爲明萬曆舒刻本，則前一本元刻之説是否可靠，其後集十卷是否即此本，皆可置疑。此本有袁克文跋語，混淆元明二本，以證《天祿書目》著録元本非此本，其説不可信。民國時期故宫博物院出版《故宫已佚書籍書畫目録》記有溥儀賜書『元版絶妙詞選一套』，後收入『元版絶妙詞選全函』。溥儀賜書在民國十一年（一九二二），此本民國五年（一九一六）已歸袁克文，若非記録失實，應非此本。惟其中有無别情，《唐宋絶妙詞選》十卷何時散失，則文獻不足徵，衹可存疑，不知其詳。

此本鈐有『陳淳之印』『陳道復氏』『乾隆御覽之寶』『天祿琳琅』等印，因知明代曾爲著名畫家陳淳（道復）所藏，清代歸内府天祿琳琅珍藏，民國歸袁克文後百宋一廛，鈐印題跋，頗稱珍祕。後歸著名藏家祁陽陳澄中，二十世紀五十年代歸北京圖書館，即今中國國家圖書館。

楊成凱

二〇〇四年七月

總目録

第一册

序……三

目録……一一

卷一

康伯可二十三首……十九

陳去非七首……二七

李漢老五首……二九

葉少藴七首……三一

曾公衮三首……三四

曾純甫十四首……三五

曾肱父三首……四十

吕居仁十二首……四一

朱希真十首……四四

朱雍三首……四八
卷二
張仲宗十二首……四九
劉彦冲二首……五五
趙元鎮十一首……五六
王民瞻五首……五九
李似之二首……六一
張材甫九首……六二
張安國二十四首……六五
吴彦高二首……七四
楊廷秀二首……七五
吴大年二首……七六
范至能七首……七七
陸務觀二十首……八〇
卷三
張功甫十五首……八九
胡仲任一首……九五
張東父五首……九六
韓無咎三首……九七

辛幼安四十二首……九九
京仲遠五首……一一五
姚令威五首……一〇八

卷四

吴子和十六首……一二一
鄭中卿五首……一二六
謝勉仲十首……一二八
趙文鼎十四首……一三二
趙德莊五首……一三七
黄子厚三首……一三八
趙昌甫二首……一三九
韓仲止一首……一四〇
易彦祥二首……一四一
蔡行之一首……一四二
陳同甫七首……一四二
李居厚六首……一四五
李知幾四首……一四八
游子明三首……一四九

危逢吉三首……一五一

第二册

卷五　劉德脩十首……三
李子大一首……六
李子清二首……七
李子永一首……八
李子召一首……八
李子秀一首……九
劉改之十首……九
劉叔擬十七首……一四
嚴次山三十首……二二
嚴少魯二首……三三
卷六　馬莊父十一首……三五
姜堯章三十四首……三九
高賓王二十首……五四

卷七　史邦卿十七首……六一
卓稼翁三首……六八
崔正子一首……六九
魏華父四首……六九
劉潛夫四十二首……七一
劉伯寵五首……八八
卷八　劉叔安二十二首……九三
施乘之一首……一〇一
戴式之十首……一〇二
盧申之二十四首……一〇七
李公甫一首……一一六
張宗瑞二十一首……一一九
卷九　宋謙父六首……一二六
王子文一首……一二九
曹西士一首……一二九
李俊明一首……一三〇
趙用父一首……一三一

黄子魯一首……一三一
潘庭堅一首……一三二
吴毅甫十三首……一三二
王實之七首……一三九
方千里三首……一四三
劉静甫五首……一四四
劉圻之八首……一四七

卷十
吴君特九首……一五〇
陳敬叟二首……一五四
馮熙之五首……一五五
馮偉壽六首……一五八
李耘叟一首……一六一
連可久一首……一六一
洪叔璵十六首……一六二

附録
黄叔暘三十八首……一六八

第一册目録

序……三
目録……一一
卷一 康伯可二十三首……十九
陳去非七首……二七
李漢老五首……二九
葉少藴七首……三一
曾公衮三首……三四
曾純甫十四首……三五
曾紘父三首……四十
吕居仁十二首……四一
朱希真十首……四四
朱雍三首……四八
張仲宗十二首……四九

卷二 劉彦冲二首……五五
趙元鎮十一首……五六
王民瞻五首……五九
李似之二首……六一
張材甫九首……六二
張安國二十四首……六五
吴彦高二首……七四
楊廷秀二首……七五
吴大年二首……七六
范至能七首……七七
陸務觀二十首……八〇
張功甫十五首……八九
卷三 胡仲任一首……九五
張東父五首……九六
韓無咎三首……九七
辛幼安四十二首……九九
京仲遠五首……一一五

姚令威五首……一〇八

卷四

吳子和十六首……一二一
鄭中卿五首……一二六
謝勉仲十首……一二八
趙文鼎十四首……一三二
趙德莊五首……一三七
黃子厚三首……一三八
趙昌甫二首……一三九
韓仲止一首……一四〇
易彥祥二首……一四一
蔡行之一首……一四二
陳同甫七首……一四二
李居厚六首……一四五
李知幾四首……一四八
游子明三首……一四九
危逢吉三首……一五一

據國家圖書館藏宋淳祐九年（一二四九）劉誠甫刻本影印原書版框高十八點六厘米寬十二點三厘米

中興詞選

目録 卷一之二

絶妙詞選序

長短句始于唐盛于
宋唐詞具載花間集
宋詞多見于曾端伯所编而復雅一
集又兼采唐
宋迄于

宣和之季凡四千三百餘首吁亦備
矣況
中興以來作者繼出及乎近世人各
有詞〻各有體知之〻未見〻之而
未盡者不勝算也暇日裒集得數百
家名之曰絕妙詞選佳詞豈能盡錄

之嘗鼎一臠而已然其盛麗如游金
張之堂妖冶如攬嫱施之袪悲壯如
三閭豪俊如五陵花前月底舉杯清
唱合以紫簫節以紅牙飄飄然作騎
鶴楊州之想信可樂也親友劉誠甫
謀梓諸梓傳之好事者此意善矣又

錄余舊作數十首附於後不無珠玉

在側之愧有愛我者其爲删之淳祐

己酉百五玉林

詞選序

古樂府不作而後長短句出焉我朝鉅公勝士娛戲文章亦多及此然散在諸集未易徧窺 玉林此選博觀約取發妙音於衆

樂並奏之際出至珍於萬寶畢陳之中使人得一編則可以盡見詞家之奇厥功不亦茂乎 玉林蚤棄科舉雅意讀書閒從唫詠自適 闓與受

齋游公嘗稱其詩爲情空冰

柱 閩帥秋房樓公聞其與

魏菊莊爲友併泉石清士目

之其人如此其詞選可知矣淳

祐己酉上巳前進士胡德方

季直序

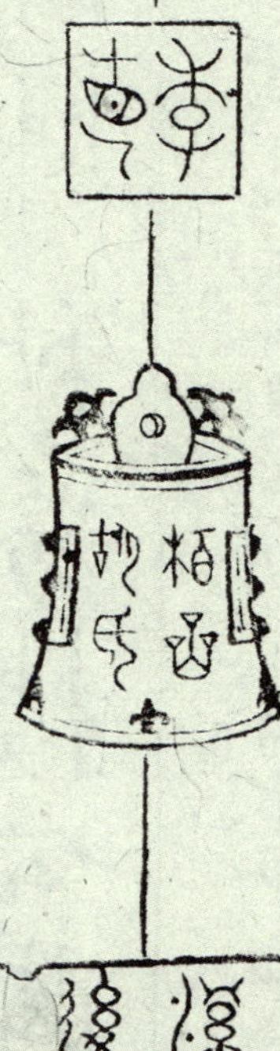

中興以來絕妙詞選綱目

花菴詞客編集

卷之一

康伯可 二十三首　陳去非 七首

李漢老 五首　葉少蘊 七首

曾公衮 三首　曾純甫 十四首

曾紘父 三首　呂居仁 十二首

朱希真 十首　朱雍 三首
○張仲宗 十二首

卷之二
劉彥冲 二首　趙元鎮 十一首
王民瞻 五首　李似之 二首
○張材甫 九首　○張安國 二十四首
吳彥高 二首　楊廷秀 二首
吳大年 二首　范至能 七首

陸務観　二十首

卷之三

張功甫　十五首　胡仲任　一首
張東父　五首　韓无咎　三首
辛幼安　四十二首　京仲遠　五首
姚令威　五首

卷之四

吴子和　十六首　鄭中卿　五首

謝勉仲　十首　趙文鼎　十四首

趙德莊　五首　黃子厚　三首

趙昌甫　二首　韓仲止　一首

易彥祥　二首　蔡行之　一首

陳同甫　七首　李居厚　六首

李知幾　四首　游子明　三首

危逢吉　三首

卷之五

劉德脩　十首　李子大　一首

李子清　二首　李子永　一首

李子召　一首　李子秀　一首

劉政之　十首　劉叔擬　十七首

嚴次山　三十首　嚴少魯　二首

卷之六

馬莊父　十一首　姜堯章　三十四首

高賓王　二十首

卷之七
史邦卿 十七首 卓稼翁 三首
崔正子 一首 魏華父 四首
劉潛夫 四十二首 劉伯寵 五首
卷之八
劉叔安 二十三首 施乘之 一首
戴式之 十首 盧申之 二十四首
李公甫 一首

卷之九

張宗瑞 二十一首　宋謙父 六首

王子文 一首　曹西士 一首

李俊明 一首　趙用父 一首

黄子魯 一首　潘庭堅 一首

吳毅甫 十三首　王實之 七首

方千里 三首　劉靜甫 五首

卷之十

劉圻父 八首　吴君特 九首
陳敬叟 二首　馮熙之 五首
馮偉壽 六首　李芸叟 一首
連可久 一首　洪炑瓀 十六首
附録
黄叔暘 三十八首

中興以來絶妙詞選綱目

絶妙詞選卷之一

宋詞 南渡以後諸賢

康伯可

名與之號順庵　渡江初有声樂府受知秦申王王薦於　太上皇帝以文詞待詔金馬門凡中興粉飾治具及　慈寧婦養　兩宮歡集必假伯可之歌詠故應制之詞爲多書市刊本皆假托其名今得官本乃其壻趙善貢及其友陶安世所校定篇二精妙汝陰王性之一代名士嘗稱伯可樂章非近代所及今有晏叔原亦不得獨擅蓋知音云

瑞鶴仙 上元應制

瑞煙浮禁苑正絳闕春回新正方半冰輪桂華滿溢花衢歌市芙蓉開遍龍樓兩觀見銀燭星毬有爛捲珠簾盡日笙歌盛集宝釵金釧　堪羡綺羅叢裏蘭麝香中正宜遊翫風柔

夜暖花影乱笑声喧鬧蛾兒滿路成團打塊簇着冠兒鬬轉

喜皇都舊日風光太平再見 按此詞進入 太上皇帝覽[illegible]

賞風柔夜煖以下至於末章賜金甚厚

瑞鶴仙 别恨

薄寒羅袖怯教小玉添香被翻宫襭蘭缸半明滅聽幾声归

鴈一簾微月情波恨巢索新詞猶自怨别夢回時雪暖酥凝

掠鬓寶鸞釵折 凄切紋窻揺綉舊譜尋棊变成虚設同心

對結重來是甚時節悵姑蘇臺上征帆何許隱〻遥山万疊

袖紅綃獨立无言偷彈淚血

漢宫春 慈寧殿元夕被 旨作

雲海沉〻峭寒收建章雪残鳷鵲華灯照夜万井禁城行樂

春隨鬓影映參差柳絲梅蕚丹禁杳鰲峰對聳三山上通寥

郭 春衫綉羅香薄步金蓮影下三千綽約氷輪桂滿皓色

吟浸樓閣霓裳齊樂奏昇平天風吹落留鳳輦通宵宴賞莫放漏声閒却

喜迁鶯 丞相生日

臘殘春早正簾幕護寒樓臺清曉宝運當千佳辰餘五嵩岳誕生元老帝遣阜安宗社人仰雍容廊廟盡總道是文章孔孟勳庸周召 師表方眷遇魚水君臣須信從來少玉帶金魚朱顔綠鬢占斷世間榮耀篆刻鼎彝將遍整頓乾坤都了願歲歲見柳梢青淺梅英紅小 此詞雖佳惜皆媚竈之語盍爲檜相作耳

喜迁鶯 秋夜聞鴈

秋寒初勁看雲路鴈來碧天如鏡湘浦煙深衡陽沙遠風外幾行斜陣回首塞門何處故國關河重省漢使老認上林欲下裴回清影 江南煙水暝声過小樓[illegible]暗金猊冷送目鳴

琴裁詩挑錦此恨此情无尽夢想洞庭飛下散入雲濤千頃
過尽也柰杜陵人遠玉關无信

醜奴兒令 促養直赴雪夜溪堂之約

馮夷翦碎澄溪練飛下同雲著地无痕柳絮梅花処〻春
山陰此夜明如畫月滿前村莫掩溪門恐有扁舟乘興人

醜奴兒令 自嶺表還臨安作

紅樓紫陌青春路柳色皇州月濬煙桑裊〻亭〻不自由
舊時扶上彫鞍処此地重遊揔是新愁柳自輕盈水自流

訴衷情令 登鬱孤臺与施德初同讀坡詩作

鬱孤臺上立多時煙晚暮雲低山川城郭良是回首昔人非
今古事秪堪悲此心知一罇芳酒慷慨悲歌月墮人歸

訴衷情令 長安懷古

阿房廢址漢荒坵狐兎又群遊豪華尽成春夢留下古今愁

君莫上古原頭淚難收夕陽西下塞鴈南飛渭水東流

菩薩蠻令　長安懷古

秦時宮殿咸陽裏千門万戶連雲起複道亘西東不禁三月風　漢唐乘王氣萬歲千秋計畢竟是荒丘荆榛滿地愁

菩薩蠻令　金陵懷古

龍蟠虎踞金陵郡古來六代豪華盛繡鳳不來遊臺空江自流　下臨全楚地包舉中原勢可惜草連天晴郊狐兎眠

感皇恩　幽居

一雨一番涼江南秋與門掩蒼苔鎖寒徑紅塵不到盡日鳥啼人靜綠荷風已過搖香柄　潛陰未解園林清潤一片飛花墮紅影殘書讀盡袖手高吟清詠任從車馬客勞方寸

洞仙歌令　荷花

若耶溪路別岸花无數欲斂嬌紅向人語與綠荷相倚恨回

首西風波淼〻三十六陂煙雨　新粧明照水汀渚生香不
嫁東風被誰誤遣踟蹰騷客意千里綿〻仙浪遠何処凌波
微步想南浦潮生畫橈帰正月曉風清斷腸疑佇

賣花声　閨思

歷損遠山眉幽怨誰知羅衾滴尽淚胭脂夜過春寒愁未起
門外鵶啼　惆悵阻佳期人在天涯東風顛動小桃枝正是
銷魂時候也撩乱花飛

賣花声　閨思

愁撚断釵金遠信沉〻秦箏調怨不成音郎馬不知何処也
樓外春深　好夢已難尋夜〻餘衾日窮千里正傷心記得
當初郎去路綠樹陰〻

江城子　越臺春遊作

康伯可

南溪二月雨初晴四郊明暖風輕一雨一風鋪地落紅英枝

上流鶯啼勸我春欲去且留春　登臨行樂慰閑情過長亭
暮潮平四面青蕪中是越王城信馬行吟歸路晚山幾二柳
陰二

風入松　春晚

一宵風雨送春歸綠暗紅稀畫樓整日无人到与誰同撚花
枝門外薔薇開也枝頭梅子酸時　玉人應是數歸期翠斂
愁眉塞鴻不到双魚遠嘆樓前流水難西新恨欲題紅葉東
風滿院花飛

風入松　閨思

碧苔滿地襯殘紅綠樹陰濃曉鶯啼破眉心事舊愁新恨重
重翠黛不忺重掃佳時每恨難同　花開花謝任東風此恨
无窮夢魂擬逐楊花去殢人休下簾櫳要見只憑清夢幾時
真箇相逢

謁金門　暮春

春又晚風勁落紅如剪睡起綉床飛絮滿日長門半掩　不管離腸欲斷聽盡梁間雙燕試上小樓還不見樓前芳草遠

長相思　游西湖

南高峯北高峯一片湖光煙靄中春來愁殺儂　郎意濃妾意濃油壁車輕郎馬驄相逢九里松

應天長　閨思

管絃綉陌灯火畫橋塵香舊時歸路腸斷蕭娘舊日風簾映朱戶鶯能舞花解語念後約頓成輕負緩彫轡獨自歸來凭欄情緒　楚岫在何處香夢悠悠花月更誰主惆悵後期空有鱗鴻寄紈素枕前淚窻外雨翠幕冷夜涼虛度未應信此度相思寸腸千縷

玉樓春令

青牋後約无憑據誤我碧桃花下語誰將消息問劉郎悵望
玉溪〻上路　春來无限傷情緒擬欲題紅都寄与東風吹
落一庭花手把新愁无寫処

憶秦娥　春思

春寂寞長安古道東風惡東風惡胭脂滿地杏花零落　臂
銷不禁黄金約天寒尚怯春衫薄春衫薄不禁揾淚為君彈
却

陳去非

名与義自号簡齋居士以詩文被簡注於
高宗皇帝入参大政有无住詞一卷詞雖不
多語意超絶識者謂其可摩坡仙之壘也

臨江仙　夜登小閣憶吳中舊遊

憶昔午橋〻上飲坐中多是豪英長溝流月去无声杏花疎
影裏吹笛到天明　二十餘年成一夢此身雖在堪驚閑登

小閣看新晴古今多少事漁唱起三更

臨江仙 端午

高詠楚詞酬午日天涯節序匆匆榴花不似舞裙紅无人知此意歌罷滿簾風 万事一身傷老矣戎葵凝笑墻東酒杯深淺去年同試澆橋下水今夕到湘中

虞美人 邢子友會上

超然堂上閑賓主不受人間暑氷盤圍坐此間无却有一瓶和露玉芙蕖 亭亭風骨凉生牖更尽尊中酒酒闌踏月轉城西照見幅巾藜杖帶香歸

虞美人 袒席醉中

張帆欲去仍搔首更醉君家酒吟詩日日待春風及至桃花開後却匆匆 歌声頻為行人咽記著樽前雪明朝酒醒大江流滿載一船離恨向衡州

陳去非

漁家傲 福建道中

今日山頭雲欲舉青蛟素鳳移時舞行到石橋聞細雨聽還住風吹却過溪西去 我欲尋詩寬久旅桃花落尽春无數渺〻藍輿穿翠楚悠然処高林忽送黄鸝語

菩薩蛮 荷花

南軒面對芙蓉浦宜風宜月還宜雨紅少緑多時簾前光景奇 繩床烏木几尽日繁香裏睡起一篇新与花為主人

南歌子 登隣僧閣

矯〻千年鶴茫〻万里風欄干三面看秋空背插浮屠千尺冷煙中 林塢村〻暗溪流処〻通此間何似玉霄峰遥望蓬莱依約晩雲東

李漢老 名邴号雲龕居士其伯父昭玘字成季元祐名士漢老才学世其家者也建炎二年入翰

林從　駕南渡

漢宫春 梅花

瀟洒江梅向竹梢踈処横兩三枝東君也不愛惜雪壓霜欺无情燕子怕春寒輕失花期惟是有南來塞鴈年年長見開時　清淺小溪如練問玉堂何似茅舍踈籬傷心故人去後冷落新詩微雲淡月對孤芳分付它誰空自倚清香未減風流不在人知

洞仙歌 柳花

一團嬌軟是將春揉做撩乱隨風到何処自長亭人去後烟草萋迷帰來了裝點離愁无数　飄揚无个事剛被縈牽長是黄昏怕微雨記那回深院静簾幕低垂花陰下霎時留住又只恐伊家忒踈狂驀地和春帶將帰去

小冲山 立春

誰勸東風臘裏來不知天待雪惱江梅東郊寒色尚徘徊双
綵燕飛傍鬢雲堆　玉冷曉粧臺宜春金縷字拂香腮紅羅
先綉踏青鞋春猶淺花信更須催

木蘭花　美人書字

沉吟不語晴窻畔小字銀鉤題欲遍雲情散乱未成篇花骨
欹斜終帶軟　重重說盡情和怨珍重提攜常在眼暫時得
近玉尖纖嫩蘂金紅象管

清平樂　閨情

露花烟柳春思濃如酒幾陣狂風新雨後滿地落紅鋪綉
風流何処蹤狂厭厭恨結柔腸又是危闌獨倚一川煙草斜
陽

葉少蘊　名夢得自号石林居士妙齡秀發有文章盛
名早受知於蔡元長建炎初召為户侍入翰

苑參大政以節度使致仕

賀新郎 春晚

睡起流鶯語掩蒼苔房櫳向晚乱紅无數飛尽殘花无人見
惟有垂楊自舞漸暖靄初回輕暑宝扇重尋明月影暗塵侵
尚有乘鸞女驚舊恨鎮如許 江南夢斷蘅皋渚浪黏天蒲
萄漲緑半空煙雨无限楼前滄波意誰采蘋花寄取但悵望
蘭舟容与万里雲帆何時到送孤鴻目斷千山阻誰爲我唱
金縷

江神子 湘靈鼓瑟

銀濤无際卷蓬瀛落霞明暮雲平遥見青鸞紫鳳下層城二
十五絃彈不尽空感慨有餘情 蒼梧雲水斷歸程卷霓旌
爲誰迎空有千行流淚寄幽貞舞罷魚龍雲海冷千古恨入
江声

、浣溪沙 重陽前一日

小雨初回昨夜涼繞籬新菊已催黃碧雲无際卷蒼茫 千
里斷鴻供遠目十年芳草掛愁腸綫歌聊与送清觴

、念奴嬌 中秋燕客

洞庭波冷望冰輪初轉滄海沉沉万頃孤光雲陣卷長笛吹
破層陰洶湧三江銀濤无際遥帶五湖深酒闌歌罷至今鼉
怒龍吟 回首江海平生漂流容易散佳會難尋縹緲高城
風露爽獨倚危欄重臨醉倒清樽常娥應笑猶有向來心廣
寒宮殿為余聊借瓊林

、虞美人 雨後置酒林檎花下

落花已作風前舞又送黃昏雨曉來庭院半殘紅惟有游絲
千丈舞晴空 殷勤花下重携手更盡樽中酒美人不用斂
歌眉我亦多情无奈酒闌時

醉蓬萊 上巳日有宴許下西湖

問春風何事斷送繁紅便拚歸去半落征途笑行人羈旅一曲陽關斷雲殘靄做渭城朝雨欲寄離愁綠陰千囀黃鸝空語 遙想湖邊浪搖空翠絃管風高亂花飛絮曲水流觴有山翁行處翠袖朱欄故人應也弄畫船煙浦會寫相思尊前爲我重翻新句

鷓鴣天 元夕

夾路行歌不落梅篆煙香細裊寒灰雲移碧海三山近月破中天九陌開 追樂事惜多才車声遙聽殷晴雷十年夢斷釣天奏猶記流霞醉後杯

曾公袞 名紆号空青先生子宣之子
官至中奉大夫直宝文閣

臨江仙 感舊

後院短墻臨綠水春風急管繁絃問誰親按小嬋娟玉堂真

李士琳館地行仙　安得此身來此處依俙一夢梨園江南

刺史謾垂涎據鞍腸已斷何況到尊前

洞仙歌　感舊

相如當日曾奏凌雲賦落筆縱横妙風雨記揚鞭輦路同醉

金明同勝賞不管重城已暮　舊游如夢覺零落朋儕遺墨

淋漓尚如故況神州北望今已丘虛傷白璧久埋黄土但一似

靈光巋然存悵明月清風更無玄度

菩薩蠻　月夜

山光冷浸清溪底溪光直到柴門裏卧對白蘋洲欹眠數釣

舟　溪山无限好恨不相逢早老病獨醒多如此良夜何

曾純甫　名覿号海野東都故老及見中興之盛者詞

多感槩如金人捧露盤憶秦娥等曲悽然有

黍離之悲

金人捧露盤 庚寅春奉使過京師

記神京繁華地舊游蹤正御溝春水溶〻平康巷陌繡鞍金勒躍青驄解衣沽酒醉絃管柳綠花紅 到如今餘霜鬢嗟前事夢䰟中但寒煙滿目飛蓬雕欄玉砌空餘三十六離宮塞笳驚起暮天鴈寂寞東風

南柯子 元夜

璧月窺紅粉金蓮映綵山東風絲管滿長安移下十洲三島在人間 兩〻人初散厭〻夜向闌倦粧殘醉怯輕寒手撚玉梅无緒倚闌干

憶秦娥 邯鄲道上望叢臺有感

風蕭瑟邯鄲古道傷行客傷行客繁華一瞬不堪思憶 叢臺歌舞无消息金尊玉管空陳迹空陳迹連天衰草暮雲凝碧

朝中措 維揚感懷

雕車南陌碾香塵一夢尚如新回首舊游何在柳煙花霧迷春 如今霜鬢愁停短棹懶傍清尊二十四橋風月尋思只有銷魂

蝶恋花 惜春

翠箔垂雲香噴霧年少疏狂載酒尋芳路多少惜花春意緒勸人金盞歌金縷 桃杏飄零風景暮只有閑愁不逐流年去舊事而今誰共語畫樓空指行雲處

訴衷情 宮愁

建章宮殿晚生寒飛雪點朱欄舞腰緩隨檀板輕絮彌春閑愁思亂酒腸慳漏將殘玉人今夜滴粉搓酥應斂眉山

感皇恩 重到臨安作

依舊惜春心花枝常好只恐樽前被花笑少年青鬢耐得幾

番重到舊歡墉記省如天杳　綺陌青門斜陽芳草今古銷沈送人老帝城春事又是等閑來了乱紅隨過雨鶯声悄

眼兒媚　閨思

花近清明晚風寒錦幄獸香残醺〻醉裏匆〻想見重聽哀彈　春情入指鶯声碎危柱不勝絃十分得意一場輕夢淡月闌干

南鄉子　别意

霜月晚雲收蕭瑟西風滿院秋雅會難期嗟易散遲留把酒聽歌且勸酬　万事捹悠〻只有情親未意休後夜扁舟煙浪裏回頭乘〻冊楓總是愁

阮郎歸　上苑初夏侍宴池上双飛新燕掠水而去得旨賦之

柳陰庭館占風光呢喃清晝長碧波新漲小池塘双〻蹴水

枉　萍散漫絮飄揚輕盈態狂爲憐流去落紅香衙將歸畫梁

沁園春　初冬夜坐聞淮上捷音次韻

更漏迢二乍寒天氣畫燭對床正井梧飄砌邊鴻度月故人何處水遠山長老去功名年來情緒寬盡寒衣銷舊香除非是仗蠻牋象管時伴吟窻　詞章莫詁行藏且喜見捷書來帝鄉看銃師雲合妖氛電掃隋堤官柳依舊成行夢繞它年青門紫陌對酒花前歌正當空成恨李潘郎兩鬢新點吳霜

菩薩蠻　次韻龍深甫春日即事

杏花寒食佳期近一簾煙雨琴書潤砌下水潺二玉笙吹暮寒　陽臺雲易散往事尋思懶花底醉相扶當時人在无

採桑子　清明

清明池館晴還雨綠漲溶二花裏遊蜂宿粉棲香錦綉中

玉簫声断人何処依舊春風万點愁紅乱逐煙波揔向東

柳梢青 侍宴禁中和張知閤應制作

梅粉輕匀和風布暖香徑无塵鳳閣凌虛龍池澄碧芳意鱗鱗 清時酒聖花神見内苑風光又新一部仙韶九曲鳳仗天上長春

曾𢙢父 名惇以故相之孫工文辞播在樂府平康皆習歌之有詞一卷謝景思爲序

念奴嬌 送淮漕錢処和

繡衣直指問凌風一笑翩然何許詔出層霄持漢節千里秋風淮浦鑑遠江山竹西歌吹曾被腥羶汚須君椽筆爲渠一洗塵土 休厭共倒金荷翠眉重爲唱渭城朝雨看即揚鞭歸騎穩還指鬱葱深処宝帶兼金華韉新綉直上雲霄去回頭莫忘玉霄今夜風露

訴衷情 別意

鄞江雲氣近蓬萊花柳滿城隈風流謝守相遇應覆故人杯煙浪暖錦帆回莫徘徊玉霄亭下芍藥荼蘼都望歸來

浣溪沙

无数春山展畫屏无窮煙柳照溪明花枝缺処小舟横 紫禁正須紅藥句清江莫与白鷗盟主人元自是仙卿

呂居仁

名本中号紫微申公之孫舜徒之子嘗集江西宗派詩紹興初賜進士第除右史中書舍人

滿江紅 幽居

東里先生家何在山陰溪曲對一川平野數間茅屋昨夜江頭新雨過門前流水清如玉抱小橋回合柳參天搖新綠踈籬下叢〻菊虛簷外蕭〻竹歎古今得失是非榮辱須信人生歸去好世間万事何時足問此春〻釀酒何如今朝熟

采桑子　别情

恨君不似江樓月，南北東西，南北東西，只有相隨无別離。

恨君却似江樓月，暫滿還虧，暫滿還虧，待得團圓是幾時。

菩薩蛮　夜宴

高樓只在斜陽裏，春風淡蕩人都喜。携客不嫌頻，使君如酒醇。　花光人不會，月色須君醉。月色与花光，共成今夜長。

南歌子　旅思

驛路侵斜月，溪橋度曉霜。短籬殘菊一枝黄，正是乱山深処過重陽。　旅枕元无夢，寒更每自長。只言江左好風光，不道中原歸思轉凄凉。

減字木蘭花　憶情

去年今夜，同醉月明花樹下。今夜江邊，月暗長堤柳暗船。　故人何処，帶我離愁江外去。來歲花前，還似今年憶去年。

長相思閨詞

要相忘不相忘玉樹郎君月艷娘幾回曾斷腸　欲下床却上床上得床來思舊鄉北風吹夢長

踏莎行梅雪

雪似梅花梅花似雪似和不似都奇絶惱人風味阿誰知請君問取南樓月　記得去年探梅時節老來舊事无人説爲誰醉倒爲誰醒到今却怕輕離別

生查子離思

双双小鳳斜淡〻鴉兒穩一曲渭城歌柳色饒春恨　離觴洗別愁酒尽愁難尽宝瑟鴈縱横誰寄天涯信

生查子離思

人分南浦春酒把陽関盞衣帶自无情頓爲離人緩　愁隨苦海深恨逐前峯遠更聽斷腸聲一似聞絃鴈

蝶恋花 春詞

巧語嬌鶯春未暮楊柳風流恰過池塘雨芳草滿庭花滿樹
无情胡蝶飛來去　睡起小奩香一縷玉篆回紋等个人分
付桃李不言人不語眉尖一點君知否

如夢令 憶舊

海鷰橋邊春苦幾見落花飛絮重到柳行西檻問畫楼何処
凝佇凝佇十頃荷花風雨

清平樂 柳塘書事

柳塘新漲艇子操双槳閑倚曲欄成悵望是処春愁一樣
傍人幾點飛花夕陽又送栖鴉試問畫楼西畔暮雲恐近天
涯

朱希真 名敦儒博物洽聞東都名士　南渡初以詞
章擅名天資曠逸有神仙風致其西江月二

曲辞浅意深可以警世之役〻於非望之福者

念奴嬌 梅詞

見梅驚笑問經年何処收香藏白似語如愁却問我何苦紅塵支客觀裏栽桃仙家種杏到処成蹊陽千林无伴淡然獨傲霜雪 且与管領春回孤標争肯接雄蜂雌蝶豈是无情知受了多少凄凉風月寄驛人遥和羹心在忍使芳塵歇東風寂寞可人誰為攀折

水龍吟 咏事

放船千里凌波去略為呉山留頓雲屯水府濤随神女九江東注北客翩然壯心偏感年華将暮念伊蒿舊隱巣由故友南柯夢遽如許 回首妖氛未掃問人間英雄何処奇謀報國可憐无用塵昏白羽鐵鎖横江錦帆衝浪孫郎良苦但愁敲桂櫂悲吟梁甫淚流如雨

采桑子 乱後作

扁舟去作江南客旅鴈孤雲万里烟塵回首中原泪滿巾碧山相映汀洲冷楓葉芦根日落波平愁損辭鄉去国人

減字木蘭花 懐感

古人誤我獨舞西風双淚墮鶴去无蹤木落西陵返照紅人間難住擲下酒杯何処去樓鎖鍾殘山北山南兩點煙

相見懽 呉中

東風吹尽江梅橘花開舊日呉王宮殿長青苔 今古事英雄淚老相催常恨夕陽西去晚潮回

西江月 警悟

世事短如春夢人情薄似秋雲不須計較苦勞心万事元来有命 幸遇三盃酒美况逢一朶花新片時歡笑且相親明日陰晴未定

受

西江月 自樂

日〻深盃酒滿朝〻小圃花開自歌自舞自開懷且喜〻无拘无礙 青史幾番春夢紅塵多少奇才不須計較与安排取而今見在

卜算子 除夕

江上見新年〻夜聽春雨有箇人〻領略春粉淡紅輕注深勸玉西東低唱黃金縷撚[illegible]一梅花揔是愁酒尽人歸去

鷓鴣天 自述

我是清都山水郎天教分付与疎狂曾批給雨支風券屢上留雲借月章 詩万首酒千觴幾曾着眼看侯王玉樓金闕慵歸去且插梅花醉洛陽

鷓鴣天 歲暮

撿盡曆頭冬又殘愛它風雪耐它寒拖條竹杖家〻酒上箇

籃輿、処二山添老大轉癡頑謝天教我老來閑道人還了

鴛鴦債紙帳梅花醉夢間

朱雍 紹興中乞召試賢良

有梅詞二卷行于世

憶秦娥 懷人

風蕭二驛亭春信期春潮期春潮黃昏浮動誰在江皋 碧

雲冉二橫溪橋瓔車未至餘香飄餘香飄一簾疎影月在花

梢

好事近 梅

春色爲誰來枝上半留殘雪恰近小園香徑對霜林寒月

危欄悽斷笛声長吹到偏嗚咽最好短亭歸路有行人先折

謁金門

春太早十二玉樓初曉半額試粧深院悄相逢何草草二 臨

水幽香縹緲彷彿淡粧窺照恰值日邊人未到紛紛縈古道

張仲宗

三山人 紹興戊午之和胡澹菴上書乞斬時相坐謫新州仲宗以詞送行後併得罪

○賀新郎 送胡邦衡謫新州

夢繞神州路悵秋風連營畫角故宮離黍底事崑崙傾砥柱九地黃流乱注聚万落千村狐兔天意從來高難問況人情易老悲如許更南浦送君去　涼生岸柳銷殘暑耿斜河疏星淡月斷雲微度万里江山知何處回首對床夜語鴈不到書成誰與目盡青天懷今古肯兒曹恩怨相爾汝舉大白唱金縷

賀新郎 寄李伯紀丞相

曳杖危樓去斗垂天滄波万頃月流煙渚掃盡浮雲風不定未放扁舟夜渡宿鴈落寒蘆深處悵望關河空弔影正人間

鼻息鳴鼉鼓誰伴我醉中舞 十年一夢揚州路倚高寒愁生故國氣吞驕虜要斬樓蘭三尺劍遺恨琵琶舊語謾暗澁銅花塵土喚取謫仙平章看過苕溪尚許垂綸否風浩蕩欲輕舉

滿江紅 旅思

春水連天桃花浪幾番風惡雲乍起遠山遮盡晚風還作綠遍芳洲生杜若楚帆帶雨煙中落認向來沙觜共停橈傷飄泊 寒猶在衾偏薄腸欲斷愁難着倚篷窗無寐引盃孤酌寒食清明都過了可憐孤負年時約想小樓日日望歸舟人如削

蘭陵王 春游

卷珠箔朝雨輕陰乍閣闌干外煙柳弄晴芳草侵堦映紅藥東風妬花惡吹落梢頭嫩萼屏山掩沈水倦熏中酒心情怕

杯勺　録思舊京洛正年少踈狂歌笑迷著障泥油壁催發
掠曾馳道同載上林携手燈夜初過早共約又爭信漂泊
寂寞念行樂甚粉淡衣襟音斷絃索瓊枝壁月春如昨悵別
後華表那回双鶴相思除是向醉裏暫忘却

蘭陵王　春思

綺霞散空碧留晴向晚東風裏天氣困人時節秋千閑深院
簾旌翠淡颭窓影残紅一線春光好花臉柳腰勾引芳菲鬧
鶯燕　閑愁費消遣想蛾綠輕顰鸞鑑新怨單衣欲試寒猶
淺羞衾鳳空展塞鴻難托誰問潛寬舊帶眼念人似天遠
迷恋畫堂宴看最樂王孫濃艷爭勸蘭膏寶篆春宵短擁檀
板低唱玉杯重暖衆中先醉謾倚檻早夢見

念奴嬌　秋思

江天雨霽正露荷擎翠風擺搖綠試問秦樓今夜裏秋到闌

干幾曲笑撚黄花重題紅葉无奈歸期促暮雲千里桂華初綻寒玉　有誰伴我凄凉除非分付与林中醽醁水本无情山又遠回首煙波雲木夢繞西園魂飛南浦自古情難足舊遊何处落霞空映孤鶩

石州慢 初春感舊

寒水依痕春意漸回沙際煙闊溪梅晴照生香冷蘂數枝爭發天涯舊恨試看幾許消魂長亭門外山重疊不盡眼中青怕昏黄時節　情切畫樓深閉想見東風暗消肌雪辜負枕前雲雨樽前花月心期切処更有多少凄凉殷勤留与歸時說到得再相逢恰經年離別

青玉案 憶舊

華裾玉轡青絲鞚記年少金吾從花底朝回珠翠擁曉鐘初斷宿醒猶帶緑瑣窻中夢　天涯相遇鞭鸞鳳老去堂成叟

情重月轉簷牙雲遶棟凉吹香霧酒迷歌扇春笋傳杯送

臨江仙 荼蘼有感

鶯喚屛山驚鷺睡起嬌羞須索郎扶荼蘼斗帳罷熏炉翠穿珠落索香泛玉流酥 長記枕痕消醉色日高猶倦妝梳一枝春瘦想如初夢迷芳草路望斷素鱗書

浣溪沙 別意

燕掠風簷欵二飛艷桃穠李鬧長堤騎鯨人去曉鶯啼 可意湖山留我住斷腸煙水送君歸三春不是別離時

漁家傲

樓外天寒山欲暮溪邊雪後藏雲樹小艇風斜沙觜露流年度春光已向梅梢住 短夢今宵還到否葦村四望知何処客裏從來无意緒催歸去故園正要鶯花主

謁金門 道山亭餞張椿老赴行在

風露底石上岸巾愁起月到房心天似水乱峯清影裏　此
去登瀛須記今夕道山同醉春殿明年人共指玉皇香案吏

□□詞選卷之□

絶妙詞選卷之二

宋詞

劉彥沖 名子翬號屏山先生劉忠顯公之子朱文公之師有屏山文集行于世小詞附其後

驀山溪 九日

浮煙冷雨此日還重九秋去又秋來但黃花年年依舊平臺戲馬无處問英雄茅舍小竹籬疎冗坐空搔首　客來何有草草三杯酒一醉万緣空休貪它金印如斗病翁老矣誰共賦歸歟芟隴麥網溪魚未落它人後

滿庭芳 和胡明仲桂花詞

秋入纖陰凉生平遠小山愁絶天南似聞還遣斷飛策遍千岩葉底輕黃纂纂惱人是纖裂芳緘脩然勝清真冷淡无艷寄塵凡　澄潭歆兩岸波光搖動碧影相參任西風十里吹度

松杉我自寒灰槁木凝神劇不貪醺酣歸來晚飛花无迹明
月滿空函

趙元鎮 名鼎號得全居士 中興
名相詞婉媚不減花間集

蝶恋花 春思

尽日東風吹緑樹向晚輕寒數點催花雨年少凄凉天賦与
更堪春思縈離緒 臨水高楼携酒処曾倚哀絃歌断黄金
縷楼下水流何処去凭欄目送蒼烟暮

點絳唇 春愁

香冷金炉夢回鴛帳餘香嫩更无人問一枕江南恨 消瘦
休文頓覚春衫褪清明近杏花吹尽薄暮東風緊

點絳唇 惜別

惜別傷離此生此念无重數故人何処還送春歸去 美酒

一杯誰解歌金縷无情緒淡煙踈雨花落空庭暮

賀聖朝 秋思

斷霞收尽黄昏雨滴梧桐踈樹簾櫳不卷夜沈沈鎖一庭風露 天涯人遠心期夢悄苦長宵難度知它窗外促織兒有許多言語

浣溪沙 美人

艷艷春嬌入眼波勸人金盞緩声歌不禁粉淚揾香羅 暮雨朝雲相見少落花流水別離多寸腸争奈此情何

畫堂春 春日

空籠簾影隔垂楊夢回芳草池塘杏花枝上蝶双双 春晝初長 強理雲鬟臨照暗彈粉淚沾裳自憐容艷惜流光无限思量

醉桃園 春晚

青春不与花爲主花正開時春暮花下醉眠休許看取春歸去　鶯愁蝶怨春知否欲問春歸何処只有一樽芳醑留得青春住

人月圓　中秋

連環宝瑟深〻韻結尽一生愁人間天上佳期勝賞今夜中秋　雅歌妍態常娥見了應羡風流芳樽美酒年〻歲〻月滿高楼

怨春風　閨怨

宝鑑凌花瑩孤鸞慵照影魚書蝶夢兩消沈恨〻〻結尽丁香瘦如楊柳兩蹙雲㝐　宿醉厭〻病羅巾空淚粉欲將遠意託湘絃悶〻〻香絮悠〻畫簾悄〻日長春困

滿江紅　丁未九月南渡泊舟儀真江口

慘結秋陰西風送絲〻雨濕凝望眼征鴻幾字暮投沙磧欲

往鄉關何處是水雲浩蕩連南北但脩眉一抹有无中遥山色　天涯路江上客腸已斷頭應白空搔首興嘆莫年離隔欲待忘憂除是酒奈酒行有盡愁无極便挽將江水入樽罍澆胸臆

西江月　福唐别故人

世態浮雲易變時光飛箭難留五年重見海東頭只有交情似舊　未盡别來深意難堪老去離愁青山迢遞水悠悠明日扁舟病酒

王民瞻

名庭珪號瀘溪先生廬陵人弃官養志二十年　紹興辛酉胡澹庵謫新州民瞻以詩送之云癡兒不了公家事男子要爲天下奇坐是除名編隸辰州

感皇恩　留别

一葉下西風寒生南浦椎鼓鳴鐃送君去長亭把酒却倩阿誰留住樽前人似玉能留否　醉中暫聽離歌幾許聽不能終淚如雨无情江水斷送扁舟何処帰時煙浪捲朱簾暮

○點絳唇　感舊

花外紅樓當時青鬓顏如玉淡煙殘燭醉入花間宿　白髪相逢猶唱當時曲當時曲斷絃難續且尽盃中醁

鳳棲梧　王彦恭生日

瓊海无邊銀浪捲畫戟朱樓縹緲雲間見當日使君曾擁傳海霞光裏時開讌　翠斚紅鱗吹酒面莫謂今朝人在天涯遠彩鳳銜書應不晚頭公難老身長健

滿庭芳　戊辰上元黄子餘席上時未有月

宿雨初收晩風微度万家簾捲青煙暗塵隨馬人物似神仙試問大公借月天須放明月教圓燃移下廣寒宫殿灯火接

星躔　盧川元古郡當時太守賓從俱賢到如今万井歌吹
喧闐花下紅粧賣酒時相遇曲水橋邊誰知道山城父老重
見中興年

桃源憶故人　衣州泛舟送郭景文周子京赴行在

催花一霎清明雨留得東風且住兩岸柳汀煙塢未放行人
去　人如双鵠雲間舉明夜扁舟何処只向武陵南渡便是
長安路

李似之　名彌遜自號筠翁　中興初名士不附秦檜坐貶

勝勝慢　木犀

龍涎焼就沈水熏成分明乱眉瓊瑰一朶才開人間十里先
知此花大即不大有許多瀟洒清奇較量尽誚勝如茉莉賽
得荼縻　更被秋光撥送放些兒月照着陣風吹惱殺多情

猛拚沉醉酬伊朝〻暮〻守定伲〻忙時也不相離睡夢裏膽瓶兒枕畔數枝

菩薩蛮

江城烽火連三月不堪對酒長亭別休作斷腸声老來无淚傾　風高帆影疾目送舟痕碧錦字幾時來薰風无鴈回

張材甫

名掄號蓮社居士　南渡故老及見太平之盛者集中多應制詞

柳梢青　侍宴

柳色初勻輕寒似水纖雨如塵一陣東風縠紋微皺碧沼鱗〻　仙娥花月精神奏鳳管鸞絲鬭新万歲声中九霞杯裏長醉芳春

蝶恋花　海棠

前日海棠猶未破點〻胭脂染就真珠顆今日重來花下坐

乱铺宫錦春无那　賸摘繁枝簪幾朶痛惜深憐只恐芳菲

過醉倒何妨花底卧不須紅袖來扶我

臨江仙　禁中丹桂

玉宇凉生清禁曉丹葩色照晴空珊瑚敲碎小玲瓏人間无

此種來自廣寒宮　雕玉闌干深院静嫣然凝笑西風曲屏

須占一枝紅乱圖歌醉枕香到夢魂中

臨江仙　車駕朝享景靈宮久兩一夕開霽

聞道彤庭森寶仗霜風逐雨驅雲六龍扶輦下青冥香隨鸞

扇遠日射赭袍明　簾捲天街人隘路滿城喜望清塵歡声

催起嶺梅春欲知天意好昨夜月華新

西江月　瑞香

剪就碧雲閑葉刻成紫玉芳心浅春不怕峭寒侵暖徹薰籠

瑞錦　花裏清芬獨步樽前勝韻難禁飛香直到玉杯深消

得厭二痛飲　朝中措夜景

灯花挑尽夜将阑，斜掩小屏山。一點涼蟾窺幔，釧敲玉臂生寒。起來无緒，炉薰烬冷，桐葉声乾。都把沈思幽根，明朝分付眉端。

燭影摇紅　上元有懷

双闕中天，鳳樓十二春寒浅。去年元夜奉宸游，曾侍瑶池宴。玉殿珠簾尽捲，擁群仙、蓬壺閬苑。五雲深処，万燭光中，揭天絲管。　馳隙流年，恍如一瞬星霜换。今宵誰念泣孤臣，回首長安遠。可是塵緣未断，謾惆悵、華胥夢短。滿懷幽恨，數點寒灯，幾声歸鴈。

浣溪沙　和曾純甫題謝氏小閣

築室峥嵘占宝峯，退朝燕坐万缘空。出塵高志抗冥鴻。何

日嘉招陪一笑看君豪飲醻千鍾試憑鄗句作先容

霜天曉角 別恨

曉風揺幕欹枕聞殘角霜月可怱寒影金猊冷翠衾薄舊
恨无処着新愁還又作夜〻單于声裏灯花共淚珠落

張安國

名孝祥號于湖歷陽人以妙年射策魁天下不數載入直中書有紫微雅詞湯衡爲序稱
其平昔爲詞未嘗著稾筆酣興健頃刻即成无一字无
來処如歌頭凱歌諸曲駿發蹈厲寓以詩人句法者也

六州歌頭

長淮望断關塞莽然平征塵暗霜風勁悄邊声黯銷凝追想
當年事殆天數非人力洙泗上絃歌地亦羶腥隔水氊鄉落
日牛羊下區脫縱横看名王宵獵騎火一川明笳鼓悲鳴遣
人驚 念腰間箭匣中劍空埃蠹竟何成時易失心徒壯歲

將零渺神京干羽方懷遠靜烽燧且休兵冠蓋使紛馳騖若
爲情聞道中原遺老常南望翠葆霓旌使行人到此忠憤氣
填膺有淚如傾

水調歌頭　凱歌寄湖南安撫劉舍人

猩鬼嘯篁竹玉帳夜分弓少年荊楚劒客突騎錦襜紅千里
鳳飛雷厲四校星流彗掃蕭斧剉春葱談笑青油幕日奏捷
書同　詩書帥黃閣老黑頭公家傳鴻寶秘略小試不言功
聞道璽書頻下看即沙堤歸去帷幄且從容君王自神武一
舉朔庭空

水調歌頭　舟過金山寺

江山自雄麗風露与高寒寄聲月姊借我玉鑑此中看幽壑
魚龍悲嘯倒影星辰搖動海氣夜漫漫擁起白銀闕危駐紫
金山　表獨立飛玉佩切雲冠漱冰濯雪眇視万里一毫端

回首三山何処聞道羣仙笑我要我欲俱還揮手從此去翳
鳳更驂鸞

水調歌頭 隱靜寺觀雨寺有碧霄泉

青嶂度雲氣幽壑舞回風江神助我雄觀喚起碧霄龍電掣
金蛇千丈雷震靈鼉万疊洶〻欲崩空盡瀉銀潢水散入宝
蓮宮 坐中客淩積翠看奔洪人間應失匕箸唯我獨從容
淨洗從來塵垢潤及无邊枯槁造物不言功天宇忽開霽日
在五雲東

滿江紅 秋懷

秋滿灘源瘴雲淨曉山如簇動遠思空江小艇高丘喬木策
〻西風双鬢底暉〻斜日朱欄曲試側身回首望京華迷南
北 思歸夢天邊鵠遊宦事蕉中鹿想一年好処初紅堆綠
羅帕分柑霜落齒冰盤剥芡珠盈掬借春纖縷鱠擣香虀新

匆熱

念奴嬌　欲雪呈朱漕

朔風吹雨送淒涼天意垂三欲雪万里南荒雲霧滿弱水蓬萊相接凍合龍崗寒侵銅柱碧海氷澌結憑高一笑問君何處炎熱　家在楚尾吳頭歸期猶未對此驚時節記得年時貂帽煖鐵馬千羣觀獵狐兎成車歌鍾殷地歸踏層城月挂盃且醉不須北望淒切

念奴嬌　洞庭

洞庭青草近中秋更无一點風色玉界瓊田三万頃着我扁舟一葉素月分輝銀河共影表裏俱澄澈怡然心會妙處難与君說　應念嶺海經年孤光自照肝膽皆氷雪短髮蕭騷襟袖冷穩泛滄浪空闊尽挹西江細傾北斗万象爲賓客扣舷一笑不知今夕何夕

念奴嬌 離思

星沙初下望重湖遠水長雲漠〻一葉扁舟誰念我今日天涯飄泊平楚南來大江東去処〻風波惡吳中何地滿懷俱是離索 長記送我行時綠波亭上泣透青羅薄檣燕低飛人去後依舊湘城簾幕不盡山川无窮烟浪辜負秦樓約漁歌声斷爲君双淚傾落

木蘭花 離思

送歸雲去鴈淡寒彩滿溪樓正佩解湘腰釵孤楚鬢鸞鑑分收凝情望行処路但疎烟遠樹織離憂只有樓前溪水伴人清淚長流 霜華夜永逼衾裯喚誰護衣篝念粉館重來芳塵未掃爭見嬉遊情知悶來殢酒奈回腸不醉只添愁脉〻无言竟日斷魂双鷲南州

木蘭花 別情

紫簫吹散後恨燕子只空樓念璧月長虧玉簪中折覆水難
收青鳥送碧雲句道霞扃霧鎖不堪憂情与文梭共織怨隨
宮葉同流　人間天上兩悠〻暗淚灑灯花記谷口園林當
時驛舍夢裏曾遊銀屛低聞笑語但夢時冉〻醒時愁擬把
菱花一半試尋高價皇州

雨中花　長沙

一葉凌波十里御風烟鬟雨鬢蕭〻認得江皋玉珮水館冰
綃秋淨明霞乍吐曙凉宿靄初消恨微顰不語欲進還休凝
竚超遙　神交冉〻愁思盈〻斷魂欲遣誰招還似待青鸞
傳信烏鵲成橋悵望胎仙琴疊羞看翡翠蘭苕夢回人遠紅
雲一片天際笙簫

驀山溪　春情

雄風豪雨時節清明近簾幙起輕寒燈紅炉笑翻灰燼陰藏

張安国

遲日欲驗幾多長綉工慵圍棊倦香篆頻銷印 茂林芳徑綠变紅添潤桃杏高酣〻占前頭一番花信華堂尊酒但作艷陽歌翕声喜流雲尽明日春遊俊

鷓鴣天 長沙饑劉樞密

浴殿西頭白玉堂湘江東畔碧油幢北辰躔次瞻星象南斗山川解印章 隨步武借恩光送君先促含人裝他年真肯傳衣鉢今日先須釂一觴

鷓鴣天 春情

日〻青樓醉夢中不知樓外已春濃杏花未遇踈〻雨楊柳初摇短〻風 扶畫鷁躍花驄湧金門外小橋東行〻又入笙歌裏人在珠簾第幾重

菩薩蛮 舟中

十年長作江南客櫓竿又挂西風席白鳥去邊明楚山无數

青　倒冠仍落珮我醉君同醉試問識君不青山与白鷗

菩薩蛮　杏花

東風約略吹羅幕一簷細雨春陰薄試把杏花看濕紅嬌暮
寒　佳人双玉枕烘醉鴛鴦錦折得最繁枝暖香生翠幃

鵲橋仙

橫波滴素遥山蹙翠江北江南腸断不知何処御風來雲霧
裏釵橫鬢亂　香羅疊恨蛮牋寫意付与瑶臺女伴醉時言
語醒時愁道說与醒時休看

鵲橋仙　梅

吹香成陣飛花如雪不那朝來風雨可憐无処避春寒但玉
立仙衣數縷　清愁万斛柔腸千結醉裏一時分付勸君不
用嘆飄零待結子成陰帰去

西江月　黄陵廟

滿載一船明月，平鋪千里秋江。波神留我看斜陽，喚起鱗鱗
細浪。明日風回更好，今朝露宿何妨。水晶宮裏奏霓裳，准
擬岳陽樓上。

西江月 洞庭

問訊湖邊春色，重來又是三年。東風吹我過湖船，楊柳絲絲
拂面。世路如今已慣，此心到處悠然。寒光亭下水連天，飛
起沙鷗一片。

西江月 爲劉樞密太夫人壽

疇昔通家事契，即今兩鎮交承。起居樞密太夫人，綠髮斑衣
相映。乞得神仙九醖，祝教福禄千春。台星直上壽星明，長
見門闌鼎盛。

憶秦娥 雪

雲垂幕，陰風慘淡天花落。天花落，千林瓊玖，滿空鸞鶴。征

車渺々穿華蒲路迷々路增離索增離索楚溪山水碧湘樓

閣

憶秦娥 梅

梅花發寒梢挂着瑶臺月瑶臺月和羹心事履霜時節斷

橋流水聲嗚咽行人立馬空愁絶空愁絶爲誰凝佇爲誰攀

折

憶秦娥 元夕

元宵節鳳樓相對鰲山結鰲山結香塵隨步柳梢微月多

情又見珠簾揭游人不放笙歌歇笙歌歇曉烟輕散帝城宫

闕

吴彦高 名激 先朝故

臣米元章之婿

春從天上來 會寧府遇老姬善鼓瑟自言梨園舊籍

海角飄零嘆漢苑秦宮墜露飛螢夢裏天上金屋銀屏歌吹競舉青冥問當特遺譜有絶藝鼓瑟湘靈促哀彈似林鶯嚦〻山溜泠〻　梨園太平樂府醉幾度春風鬢變星〻舞徹中原塵飛滄海風雲万里龍庭寫胡笳幽怨人憔悴不似丹青酒微醒一軒凉月灯火青熒　三山鄭中卿從張貴謨使虜自聞有歌之者

○青衫濕　宴北人張侍御家有感

南朝千古傷心地還唱後庭花舊時王謝堂前燕子飛入人家　恍然在遇天姿勝雪宮鬢堆鴉江州司馬青衫濕淚同是天涯　右二曲皆精妙悽婉惜无人拈出今録入選必有能知其味者

楊廷秀 名万里號誠齋吉州人以道德風節照映一世實為　四朝壽俊

念奴嬌 上章乞休置戲作小詞自賀

老夫歸去有三徑足可長拖衫袖一道官銜清徹骨別有監臨主守主守清風監臨明月兼管栽花柳登山臨水作詩三首兩首 休説白日昇天莫誇金印斗大懸双肘且説廬陵新盛事三个閑人眉壽揀罷軍負歸農押録致政誠齋叟只愁醉殺螺江門外私酒 吉有螺汀門

憶秦娥 初春

新春早春前十日春歸了春歸了落梅如雪野桃紅小 老夫不管春催老只圖爛醉花前倒花前倒兒扶歸去醒來窻曉

吳大年 名億 渡江初人

燭影搖紅 元夕

樓雪初消麗譙吹罷單于晚使君千炬起班春歌吹香風暖十里珠簾盡捲人正在蓬壺閬苑賣薪買酒立馬傳觴昇平重見　誰識搔頭去年曾侍傳柑宴至今衣袖帶天香行處氤氳滿巳是春宵苦短更莫遺歡遊意懶細聽歸路璧月光中玉簫聲遠

南鄉子　江上

江上雪初消暖日晴烟弄柳條認得裙腰芳草綠䰟銷曾折梅花過斷橋　潘鬢為誰凋長恨金閨閉阿嬌遥想晚粧呵手罷天饒更傍朱唇暖玉簫

范至能 名成大號石湖居士　孝宗朝入參大政詩文超絶二高亭記天下之人誦之嘗為蜀帥每有篇章即日傳布人以先覩為快

眼兒媚　萍鄉道中乍晴卧輿中困甚小憇柳塘

酣〻日脚紫烟浮妍暖破輕裘困人天色醉人花氣午夢扶頭　春慵恰似春塘水一片縠紋愁溶〻曳〻東風无力欲皺還休

一落索　南浦舟中与江西帥漕酌別夜後忽大雪

盡戢錦亭皆雅故簫鼓留連客住南浦春波暮難忘羅襪生塵処　明日船旗應不駐且唱斷腸新句捲尽珠簾雨雪花一夜隨人去

菩薩蛮　元夕立春

雪林一夜收寒了東風恰向灯前到今夕是何年新春新月圓　綺叢香霧隔猶記醒狂客留取縷金幡夜蛾相並看

菩薩蛮　湘東驛

客行忽到湘東驛明朝真是瀟湘客晴碧万重雲幾時逢故人　江南如塞北別後書難得先自鴈來稀那堪春半時

范至能

滿江紅 清江風帆甚快作此与客劇飲歌之

千古東流声捲地雲濤如屋橫浩渺檣竿十丈不勝帆腹[illegible]

雨翻江春浦漲船頭鼓急風初熟似當年呼禹乱黃川飛梭

速 擊楫誓空驚俗休拊髀都生肉任炎天氷海一杯相屬

荻笋蔞芽新入饌鵾絃鳳吹能翻曲笑人間何処似尊前添

銀燭

謁金門 宜春道中野塘春水可喜有懷舊隱

塘水碧仍帶麴塵顏色泥〻縠紋无氣力東風如愛[illegible] 拾

似越來溪側也有一双溪鵝只欠柳絲千百尺繫船春弄笛

秦樓月 寒食日湖南提举胡元高家席上聞琴

湘江碧故人同作湘中客湘中客東風回鴈杏花寒食 温

〻月到藍橋側醒心絃裏春无極春无極明朝殘夢馬嘶南

陌

陸務觀名游號放翁山陰人官至煥章閣待制劉漫塘云范至能陸務觀以東南文墨之彥至能爲蜀帥務觀在幕府主賓唱酬短章大篇人爭傳誦之

水龍吟 春日遊摩訶池

摩訶池上追遊路紅綠參差春晚韶光妍媚海棠如醉桃花欲暖挑菜初閑禁烟將近一城絲管看金鞍爭道香車飛蓋爭先占新亭館 惆悵年華暗換黯銷魂雨收雲散鏡奩掩月釵梁拆鳳秦箏斜鴈身在天涯亂山孤壘危樓飛觀歎春來只有楊花和恨向東風滿

沁園春 別恨

一別秦樓轉眼新春又近放灯憶盈盈倩笑纖纖柔握雪香花語玉暖酥凝念遠愁腸傷春病思自怪平生殊未曾君知否漸香消蜀錦淚漬吳綾 難求繫日長繩況倦客飄零少

舊[illegible]但江水鴈起漁村笛怨寒缸委灺孤硯生冰水繞山圍

烟昏雲慘縱有高臺常怯登消魂處是魚箋不到蘭夢无憑

月照梨花 閨思

霽景風軟烟江春漲小閣无人繡簾半上花外姊妹相呼約

樗蒲 脩蛾忘了章臺様細思一餉感事添惆悵胷酥臂玉

消減擬覔双魚倩傳書

月照梨花 閨思

悶巳縈損那堪多病幾曲屏山伴人晝靜梁燕催起猶慵換

熏籠 新愁舊恨何時盡漸凋綠鬢小雨知花信芳牋寄与

何处繡閣珠櫳柳陰中

夜遊宮 記夢

雪曉清笳乱起夢遊处不知何地鐵騎无声望似水想関河

鴈門西青海際 睡覔寒灯裏漏声斷月斜窻紙自許封侯

在万里有誰知鬢雖殘心未死

夜游宮 宴席

宴罷珠簾半捲畫簷外蠟香人散冪霧霏二 漏声斷倚香肩看中庭花影乱 死是高唐館宇奩灶麝烟初煖壁月何妨夜二滿擁芳衾恨今年寒尚淺

臨江仙 晚春

鳩雨催成新綠燕泥收尽殘紅春光還与美人同論心空眷二分袂却匆二 只道真情易寫那知怨句難工水流雲散各西東半廊花院月一帽柳橋風

釵頭鳳 閨詞

紅酥手黃縢酒滿城春色宮墻柳東風惡歡情薄一懷愁緒幾年離索錯二二 春如舊人空瘦淚痕紅浥鮫綃透桃花落閑池閣山盟雖在錦書難托莫二二

浪淘沙 別恨

綠樹暗長亭幾把離尊陽關常恨不堪聞何況今朝秋色裏身是行人 清淚浥羅巾各自消魂一江離恨恰平分安得千尋橫鐵鎖截斷江津

南鄉子 賦歸

歸夢寄吳檣水驛江程去路長想見芳洲初繫纜斜陽烟樹參差認武昌 愁鬢點新霜曾是朝衣染御香重到故鄉交舊少凄凉却恐他鄉勝故鄉

感皇恩 感懷

小閣倚秋空下臨江渚漠漠孤雲未成雨數声新鴈回首杜陵何処壯心空万里人誰許 黄閣紫樞築壇開府莫怕功名欠人做如今熟計只有故鄉歸路石帆山脚下菱三畒

好事近 東歸書事

歲晚喜東歸掃𡰥市朝陳迹揀得乱山環処釣一潭澄碧賣魚沽酒醉還醒心事付横笛家在万重雲外有沙鷗相識

蝶恋花 寒食

陌上簫声寒食近雨過園林花氣浮芳潤千里斜陽鍾欲暝憑高望斷南樓信　海角天涯行略𡰥三十年間无処无遺恨天若有情終欲問忍教霜點相思鬢

蝶恋花 懷别

水漾萍根風卷絮倩笑嬌顰忍記逢迎処只有夢魂能再遇堪嗟夢不由人做　夢若由人何処去短帽輕衫夜〻眉州路不怕銀缸深繍户只愁風斷青衣渡

朝中措 閨情

怕歌愁舞懶逢迎粧晚托春醒總是向人深処當時枉道无情　閑心近日啼紅密訴剪緑深盟杏館花陰恨淺畫堂銀

燭嫌明

鵲橋仙 感舊

華灯縱博彫鞍馳射誰記當年豪舉酒徒一一取封侯獨去作江邊漁父　輕舟八尺低篷三扇占斷蘋洲烟雨鏡湖元自屬閑人又何必君恩賜与

破陣子 省曲

仕至千鍾良易年過七十常稀眼底榮華元是夢身後声名不自知營營端為誰　幸有旗亭沽酒何妨繭紙題詩幽谷雲羅朝采藥靜院軒窗夕對棊不歸真个癡

玉胡蝶 王忠州家席上

倦客平生行處墜鞭京洛解佩瀟湘此夕何年初賦宋玉高唐繡簾開香塵乍起蓮步穩銀燭分行暗端相燕羞鶯妬蝶繞蜂忙　難忘芳樽頻勸峭寒新退玉漏猶長幾許幽情只

愁歌罷月侵廊欲歸時司空笑問微近処丞相嗔狂斷人腸

假饒相送上馬何妨

如夢令　閨思

獨倚博山峯小翠霧滿身飛繞只恐夲行雲去作陽臺春曉

春曉春曉滿院緑楊芳草

真珠簾　羈游有感

水村山館參差路感羈游正似殘春風絮掠地復穿簾竟

歸何処鏡裏新霜空自閔問幾時鸞臺鰲署遲暮謾憑高竚

立書空獨語自昔儒冠多誤悔當年早不抽身歸去醉下

白蘋洲看夕陽鷗鷺蓴菜鱸魚都弃了只換得青衫塵土休

顧早扁舟江上一簑烟雨

中興詞選　卷三之四

宋詞

張功甫 名鎡號約齋居士西秦人楊誠齋極稱其詩

賀新郎 李顧正路分見訪留飲書贈

看了梅花去要東風攀翻看雪与君同賦海內從來天際遠一笑平欺万古待剪尽燭花紅吐久矣南湖无此客似喬松千丈凌霄舉飛咳唾掃塵土　承平氣象森眉宇想天家驂鸞洞裏細煙冰霧我亦秦關歸未得誰念干將醉撫判良夜歌橫冠羽歎瀟湘居尚遠擁戎昭万騎鳴笳鼓雲正鎖汴京路

賀新郎 陳退翁分教衡湘將行酌蘭索詞漫成

桂隱傳杯處有風流千巖韻勝大丘遺緒王季金昆膏漢侶

平步鸞坡揮麈莫便駕飛驪煙渚雲動精神衡岳去向君山帝樂鏘韶渡蘭藝晚吊湘楚　南湖老矣无襟度但樽前踉蹡醉影帽花顛仆只恐清時專文教猶貸陰山狂虜卧錦帳貔貅征鼓忠烈前勳賁方恨望神都魏闕奔狐兎呼翠袖爲君舞

夢游仙　記夢

飛夢去閑到玉京遊塵絶天高那得暑月明雲薄潞於秋宮殿鎖金虬　氷佩冷風颻紫綃裳五色光中瞻帝所方知碧落勝炎洲香霧濕簾鉤

木蘭花　癸丑年生日

年二三月二二是居士始生朝念緑鬢功名初心已負難報劬勞天留帝城勝処匯平湖遶岫碧岩堯竹色詩書燕几柳陰桃杏横橋　西隣東舍不難招太半是漁樵任翁媪歡呼兒

孫歌笑野具村醪醉來更隨鶴舞看清風送月過松梢百歲
因何快樂盡從心地逍遥

木蘭花 甲寅三月中澣邀優大防陳君幸中書丙舍人黄文叔伴制彭子壽右史黄子由匠監浼懋先大著過相隱即席作

清明初過後止空翠靄晴鮮念水際樓臺城隅花柳春意无邊清時自多暇日看聯鑣飛蓋擁群賢朱邸横經滿座紫微淵思如泉 高情那更屬雲天語笑雜歌絃向啼鴂声中落紅影裏忍負芳年浮生轉頭是夢恐它時高會却難全快吐淋浪醉墨要令海内喧傳

漁家傲 漁翁

拂〻春風生草際新晴万景供遊戲鷗鷺飛來斜照裏金和翠分明畫出真山水 遮箇漁翁无悶喜乾坤頓在孤蓬底

一曲高歌千古意閑來睡從教月到花汀外

鵲橋仙 立秋後一夕

暑雲猶在澄空欲變入夜徘徊庭際新秋知是昨宵來變殘月纖纖西墜 芭蕉老大流螢衰健靜裏細觀天意輕風未有半分涼奈人道今宵好睡

柳梢青 舟泊秦淮

天遠山圍龍蟠淡靄虎踞斜暉幾度功名幾番成敗渾似鷗飛 樓臺一望凄迷算到底空爭是非今夜潮生明朝風順且送船歸

江城子 夏夜觀月

飛來冰雪冷无声可中庭骨毛清卧看東南和露兩三星鳶地神遊天上去呼彩鳳駕雲輧 望舒宮殿玉峥嵘在上所宝香凝搗藥仙童邀我論長生一笑歸來人未睡花送影上

窻儒

昭君怨 月夜賞荷花

月在碧虛中住 人向乱荷中去 花氣雜風凉 滿船香 雲被

歌声摇動酒被詩情掇送 醉裏臥花心 擁紅衾

八声甘州 中秋夜作

歎流光迅景百年間 能醉幾中秋 正凄蛩鳴砌 驚烏翻樹 煙

淡蘋洲 誰唤金輪出海 不帶一雲浮 纔上青林頂 俄轉朱樓

人老歡情宜减 料素娥信我 不爲閑愁 念幾番清夢 常是

故鄉留 倩風前數声横管 叫玉鸞騎向碧空遊 誰能頓黍炊

羹 利蟻戰怨雛

滿江紅 小圃玉照堂賞梅呈洪景盧内翰

玉照梅開 三百樹 香雲同色 光摇動 一川銀浪 九霄珂月 幸

遇勛華時世好 歡娛况是張灯夕 更不邀名勝賞東風 真堪

惜　盤詰手春秋筆今内相斯文伯肯開迂軒盍遠過泉石奇
事人生能幾見清樽花畔須教倒鳳池却欲醉鷗邊應難得

念奴嬌　登平江齊雲樓夜飲呈瑞堂雷吏部

東吳名勝有高樓直在浮雲齊處十二闌干邀遠望歷歷斜
陽煙樹香徑人稀響屧廊山遶往事今何許一天和氣爲誰吹
散踈雨　知是蘭省星郎朱輪森戟占風光爲主暇日登携
多雅致容我追隨臨賦小宴重開晚寒初勁還下危梯去燭
華紅墜瑞堂猶按歌舞

燭影搖紅　燈夕玉照堂梅花正開

宿雨初乾舞梢煙瘦金絲裊嫩雲扶日做新晴舊碧尋芳草
幽徑蘭芽尚小怪今年春歸太早柳塘花院万朶紅蓮一宵
開了　梅雪翻空忍教空對東風老粉圍香陣擁詩仙戰退
春寒峭現樂歌彈鬧曉宴親賓團欒同笑醉歸時候月過珠

樓參橫蓬島　柳塘花院現樂皆家中堂名也

滿庭芳　促織兒

月洗高梧，露溥幽草，宝釵樓外秋深。土花沿翠，螢火墜墻陰。靜聽寒声斷續，微韻轉、淒咽悲沉。争求侶，殷勤勸織，促破曉機心。　兒時曾記得，呼灯灌穴，斂步隨音。任滿身花影，猶自追尋。携向華堂戲鬭，亭臺小、籠巧妝今。休說，從渠牀下，涼夜聽孤吟。

胡仲任

名仔，苕溪人，嘗編漁隱叢話

○感皇恩　自得

乞得夢中身，歸棲雲水，始覺精神自家底。峭帆輕棹，時与白鷗遊戲。畏途都不管，風波起。　光景如梭，人生浮脆，百歲何妨尽沉醉。卧龍多事，謾說三分奇計。算來爭似我，長昏睡。

張東父 名震號无隱居士詞甚婉媚蓋富貴人語也

蝶恋花 惜春

梅子初青春巳暮芳草連雲綠遍西池路小院綉垂簾半卷銜泥紫燕双飛去 人在赤欄橋畔住不解傷春還解相思否潸夢欲尋猶間阻紗窻一夜蕭蕭雨

鷓鴣天 怨別

覓尽香羅金縷衣心情不似舊家時万絲柳暗才飛絮一點梅酸巳着枝 金底背玉東西前歡贏得兩相思傷心不及風前燕猶解穿簾度幕飛

鷓鴣天 春暮

横素橋邊景最佳綠波清淺見瓊沙銜泥燕子迎風絮得食魚兒趂浪花 春巳暮日初斜綵船簫鼓是誰家蘭橈欲去

空留恋醉倚闌干看晚霞

驀山溪 春半

青梅如豆斷送春帰去小緑間長紅看幾処雲歌柳舞偎花識面對月共論心攜素手採香遊踏遍西池路 水邊朱户曾記銷魂処小立背秋千空悵望娉婷韻度楊花撲面香糁一簾風情脉〻酒厭〻回首斜陽暮

驀山溪 初春

春光如許春到江南路柳眼弄晴暉笑梅老落英无數峭寒庭院羅幙護窗紗金鴨暖錦屛深曾記看承処 雲邊尺素何計傳心緒无処訴相思空惆悵朝雲暮雨曲闌干外小立近黄昏心下事眼邊愁借問春知否

韓无咎

名元吉號南澗名家文献政事文学爲一代冠冕

水龍吟 題三峯閣詠英華女子

雨餘疊巘浮空，望中秀色仙都，是洞天未鎖人間春老。玉妃曾墜，錦瑟繁絃，鳳簫清響，九霄歌吹。問分香舊事，劉郎去後，知誰伴、風前醉。　回首暝烟千里，但紛紛落紅如泪。多情易老，青鸞何許，詩成誰寄。斗轉參横，半簾花影，一溪寒水。悵飛鳧路杳，行雲無斷，有三峯翠。

謁金門 春雪

春尚淺，誰把玉英裁剪。伏道梅梢開未遍，春簾花滿院。　樓上酒融歌暖，樓下水平煙遠。却似湧金門外見，絮飛波影亂。

水調歌頭 九日

今日我重九，莫負菊花開。試尋高処，携手躡屐上崔嵬。放目蒼岩万仞，雲護曉霜成陣，知我与君來。古寺倚脩竹，飛檻絕纖埃。　笑談間，風滿座，酒盈杯。仙人跨海，休問隨処是蓬萊。

落日平原西望鼓角秋深悲壯戲馬但荒臺細把茱萸看一
醉且徘徊

辛幼安 名弃疾號稼軒

瑞鶴仙 題南劍双溪樓

片帆何太急望一葉須臾去天咫尺舟人好看客似風濤三峽嵯峩劍戟溪南溪北正遐想幽人泉石被漁樵指點危樓却羨舞筵歌席　歎息山林鍾鼎意倦情遷本无欣戚轉頭陳迹飛鳥外晚煙碧讕憐舊日南樓老子最愛月明吹笛到而今撲面黃塵欲歸未得

瑞鶴仙 上洪倅壽

黃金堆到斗怎得似長年畫堂勸酒蛾眉最明秀向水沈煙裏兩行紅袖笙歌擱就争説道明年時候被常娥做了殷勤

仙桂一枝入手　知否風流別駕近日人呼文章太守天長
地久歲二上乃翁壽記從來人道相門出相金印纍二佟有
但直須周公拜前魯公拜後

滿江紅　賀王宣子平湖南寇

笳鼓歸來舉鞭問何如諸葛人道是匆二五月渡瀘深入白
羽風生貔虎嘯青溪路斷猩鼯泣早紅塵一騎落平岡捷書
急　三万卷龍頭客渾未得文章力把詩書馬上笑驅鋒鏑
金印明年如斗大貂蟬却自兜鍪出待刻公勳業等雲霄浯
溪石

滿江紅　感興

過眼溪山怪都似舊時曾識還記得夢中行遍江南江北佳
處徑須攜杖去能消幾緉平生屐笑塵勞三十九年非長爲
客　吳楚地東南坼英雄事曹劉敵被西風吹盡了無陳迹

樓觀才成人已去旌旗未卷頭先白嘆人間哀樂轉相尋今猶昔

滿江紅 送鄭舜舉赴召

湖海平生筭不負蒼髯如戟聞道是君王着意太平長策此老自當兵十萬長安正在天西北便鳳凰飛詔下天來催歸急　車馬路兒童泣風雨暗旌旗濕看野梅官柳春風消息莫向蔗菴追笑語只今松竹无顏色問人間誰管別離愁杯中物

祝英臺近 春晚

宝釵分桃葉度煙柳暗南浦怕上層樓十日九風雨斷腸點點飛紅都无人管倩誰喚流鶯声住　鬢邊覷試把花卜歸期才簪又重數羅帳燈昏哽咽夢中語是他春帶愁來春歸何処又不解帶將愁去

水調歌頭 盟鷗

帶湖吾甚愛千丈翠奩開先生无事杖屨一日走千回凡我同盟鷗鷺今日既盟之後來往莫嫌猜白鶴在何處嘗試與偕來 破青萍排翠藻立蒼苔窺魚笑汝癡計不解舉吾杯廢沼荒丘疇昔明月清風此夜人世幾歡哀東岸綠陰少楊柳更須栽

水調歌頭

折盡武昌柳挂席上瀟湘二年魚鳥江上笑我往來忙富貴何時休問離別中年堪恨憔悴鬢成霜絲竹陶寫耳急羽且飛觴 序蘭亭歌赤壁繡衣香使君千騎鼓吹風采漢侯王莫把離歌頻唱可惜南樓佳處風月已淒涼在家貧亦好此語試平章

酹江月 登賞心亭

我來弔古上危樓贏得閒愁千斛虎踞龍盤何処是只有興
亡滿目柳外斜陽水邊歸鳥隴上吹喬木片帆西去一声誰
噴霜竹 却憶安石風流東山歲晚淚落哀箏曲兒輩功名
都付与長日惟消棊局寶鏡難尋碧雲將暮誰勸盃中綠江
頭風怒朝來波浪翻屋

酹江月 西湖和人韻

晚風吹雨戰新荷声乱明珠蒼璧誰把香奩收寶鏡雲錦周
遭紅碧飛鳥翻空游魚吹浪慣聽笙歌席坐中豪氣看君一
飲千石 遥想処士風流鶴隨人去已作飛仙客茅舍竹籬
今在否松竹已非疇昔欲說當年望湖樓下水与雲寬窄醉
中休問斷腸桃葉消息

酹江月 春恨

野棠花落又匆匆過了清明時節剗地東風欺客夢一枕銀

屏寒怯曲岸持觴垂楊立馬此地曾經別樓空人去舊游飛
燕能說　聞道綺陌東頭行人曾見簾底纖纖月舊恨春江
流不盡新恨雲山千疊料得明朝尊前重見鏡裏花難折也
應驚問近來多少華髮

水龍吟　賞心亭

楚天千里清秋水隨天去秋无際遥岑遠目獻愁供恨玉簪
螺髻落日樓頭斷鴻声裏江南游子把吳鈎看了欄干拍遍
无人會登臨意　休說鱸魚堪鱠儘西風季鷹歸未求田問
舍怕應羞見劉郎才氣可惜流年憂愁風雨樹猶如此倩何
人喚取紅巾翠袖揾英雄淚

水龍吟　壽韓南澗

渡江天馬南來幾人真是經綸手長安父老新亭風景可憐
依舊夷甫諸人神州沈陸幾曾回首算平戎萬里功名本是

辛幼安

真儒事君知否 况有文章山斗對桐陰滿庭清晝當年墮
地而今試看風雲奔走綠野風煙平泉草木東山歌酒待他
年整頓乾坤事了爲先生壽

水龍吟 再壽韓南澗

玉皇金殿微涼看公一試薰風手高門畫戟桐陰閬道青ニ
如舊蘭佩空芳蛾眉誰妬無言搔首甚年ニ却有呼韓塞上
人爭問公安否 金印明年如斗向中州錦衣如晝依然盛
事貂蟬前後鳳麟飛走富貴浮雲我評軒冕不如杯酒待從
今痛飲八千餘歲伴松椿壽

水龍吟 題南劍雙溪樓

峯頭西北浮雲倚天万里須長劍人言此地夜深長見斗牛
光燄我覺山高潭空水冷月明星淡待然犀下看憑欄却怕
風雷怒魚龍慘 峽東滄江對起過危樓欲飛還斂元龍老

矣不妨高臥冰壺凉簟千古興亡百年悲笑一時登覽問何
人又卸片帆沙際繫斜陽纜

木蘭花慢 送張仲固帥興元

漢中開漢業問此地是耶非想劍指三秦君王得意一戰東
歸追亡事今不見但山川滿目淚沾衣落日胡塵未斷西風
塞馬空肥　一編書是帝王師小試去征西更草草離筵匆
匆去路愁滿旌旗君思我回首處正江涵秋影鴈初飛安得
車輪四角不堪帶減腰圍

木蘭花慢 送滁州范倅

老來情味減對別酒惜流年更屈指中秋十分好月不照人
圓无情水都不管共西風只等送歸船秋晚蓴鱸江上夜深
兒女燈前　征衫便好去朝天王殿正思賢想夜半恩綸留
教視草却遣籌邊長安故人問我道愁腸殢酒只依然目斷

秋霄落鴈醉來時響空弦

摸魚兒 暮春

更能消幾番風雨匆匆春又歸去惜春長怕花開早何况落紅无數春且住見說道天涯芳草无歸路怨春不語筭只有殷勤畫簷蛛網尽日惹飛絮　長門事準擬佳期又誤蛾眉曾有人妬千金縱買相如賦脉脉此情誰訴君莫舞君不見玉環飛燕皆塵土閑愁最苦休去倚危欄斜陽正在煙柳斷腸処

最高樓 洪内翰慶七十

金閨老眉壽正如川七十且華筵樂天詩句香山裏杜陵酒債曲江邊問何如歌窈窕舞嬋娟　更十歲太公方出將又十歲武公才入相留盛事看明年直須腰下添金印莫教頭上欠貂蟬向人間長富貴地行仙

最高樓 梅花

花知否花一似何郎又似沈東陽瘦稜々地天然白冷清々地許多香笑東君還又趁北枝忙 着一陣霎時間底雪着一个缺些兒底月山下路水邊墻清香怕有人知處蒼松側畔竹旁相恁禁他桃与李少年場

千秋歲 建康壽史致道

塞垣秋草又報平安好樽俎上英雄表金湯生氣象珠玉霏談笑春近也梅花得似人難老 莫惜金樽倒鳳詔看々到留不住江東小從容帷幄裏整頓乾坤了千百歲從今盡是中書考

沁園春 退閒

三徑初成鶴怨猿驚稼軒未來甚雲山自許平生意氣衣冠人笑抵死塵埃意倦須還身閒要早豈為蓴羹鱸鱠哉秋江

上看驚弦鴈避駭浪船回　東崗更葺茅齋好都把軒窗臨水開要小舟行釣先應種柳疏籬護竹莫礙觀梅秋菊堪餐春蘭可佩留待先生手自栽沈吟久怕君恩未許此意徘徊

沁園春　將止酒戒酒杯

杯汝來前老子今朝點檢形骸甚長年抱渴咽如焦釜于今喜眩氣似奔雷汝說劉伶古今達者醉後何妨死便埋渾如此歎汝於知己真少恩哉　更憑歌舞爲媒算合作平居鴆毒猜況怨无小大生於所愛物无美惡過則爲災與汝成言勿留亟退吾力猶能肆汝杯杯再拜道麾之即去招則須來

聲聲慢　滁州作奠枕樓

征埃成陣行客相逢都道幻出層樓指點簷牙高處浪湧雲浮今年太守万里罷長淮千騎臨秋憑欄望有東南佳氣西北神州　千古懷嵩人去還笑我身在楚尾吳頭見說弓刀

陌上車馬如流從今賞心樂事剩安排酒令詩籌華胥夢願年年人似舊遊

洞仙歌 壽葉丞相

江頭父老說新來朝野都道今年太平也見朱顏綠鬢玉帶金魚相公是舊日中朝司馬　遥知宣勸後東閣華燈別賜仙韶接元夜問天上幾多春只似人間但長見精神如畫好都取山河獻君王看父子貂蟬玉京迎駕

鷓鴣天 春日即事

春入平原薺菜花新耕雨後落群鴉多情白髮春無奈晚日青帘酒易賒　閑意態細生涯牛欄西畔有桑麻青裙縞袂誰家女去趁蠶生看外家

鷓鴣天 秋意

枕簟溪堂冷欲秋斷雲依水晚來收紅蓮相倚渾如怨白鳥

無言定自愁　書咄〻且休〻　一丘一壑也風流不知筋力
衰多少但覺新來懶上樓

鷓鴣天　春行即事

着意尋春懶便回何如信步兩三盃山才好處行還倦詩未
成時雨早催　携竹杖更芒鞋朱〻粉〻野蒿開誰家寒食
歸寧女笑語柔桑陌上來

鷓鴣天　東陽道中

撲面征塵去路遥香篝漸覓水沈消山无重數周遭碧花不
知名分外嬌　人歷〻馬蕭〻旌旗又過小紅橋愁邊剩有
相思句搖斷吟鞭碧玉梢

鷓鴣天

陌上柔桑初破芽東隣蚕種已生些平崗細草鳴黄犢斜日
寒林點暮鴉　山遠近路橫斜青旗沽酒有人家城中桃李

愁風雨春在溪頭薺菜花

菩薩蠻　書江西造口壁

鬱孤臺下清江水中間多少行人淚西北望長安可憐无數山青山遮不住畢竟江流去江晚正愁予山深聞鷓鴣

菩薩蠻

稼軒日向兒童說帶湖買得閒風月頭白早歸來種花〻已開功名渾是錯更莫思量着見說小樓東好山千萬重

鵲橋仙　和廓之弟送祐之歸浮梁

小窗風雨從今便憶中夜笑談清軟啼鴉衰柳自无聊更管得離人腸斷　詩書事業青氊猶在頭上貂蟬會見莫貪風月卧江湖道日近長安路遠

蝶戀花　送祐之弟

衰草殘陽三萬頃不算飄零天外孤鴻影幾許悽涼須痛飲

行人自向江頭醒　會少離多看兩鬢万縷千絲何況新來病不是離愁難整頓被他引惹其他恨

蝶恋花 戊申元日立春

誰向椒盤簪彩勝整〻韶華争上春風鬢往日不堪重記省爲花長抱新春恨　春未來時先借問晚恨開遲早又飄零近今歲花期消息定只愁風雨无憑准

蝶恋花 別意

莫向城頭聽漏點説与行人默〻情千万揔是離愁无近遠人間兒女空恩怨　錦綉心胸氷雪面舊日詩名曾道空梁燕頃蓋未償平日願一盃早唱陽関勸

霜天曉角 惜別

吳頭楚尾一棹人千里休説舊愁新恨長亭樹今如此　宦游吾倦矣玉人留我醉明日落花寒食得且住爲佳耳

清平樂 村居

茅簷低小溪上青二草醉裏蠻音相媚好白髮誰家翁媪大兒鋤豆溪東中男正織雞籠最喜小兒无賴溪頭卧剥蓮蓬

清平樂 為兒鐵柱作

靈皇醮罷福祿都來也試引鵷雛花樹下斷了驚二怕二從今日二聰明更宜潭妹嵩兄看取辛家鐵柱无灾无難公卿

西江月

秀骨青松不老新詞玉佩相磨靈槎準擬泛銀河剩摘天星幾个 莫枕樓東風月駐春亭上笙歌留君一醉意如何金印明年斗大

喜遷鶯 荷花

卆十勿安

暑風涼月愛亭亭无數綠衣持節掩冉如羞參差似姤擁出芙蓉花發步襯潘娘堪恨皃比六郎誰潔添白鷺晚晴特公子佳人並列　休説搴木末當日靈均恨与君王別心阻媒勞交疎怨極恩不甚兮輕絶千古離騷文字芳至今猶未歇都休問但千杯快飲露荷翻葉

賀新郎　自述

甚矣吾衰矣悵平生交游零落只今餘幾白髮空垂三千丈一笑人間万事問何物能令公喜我見青山多嫵媚料青山見我應如是情与皃略相似　一尊搔首東窻裏想淵明停雲詩就此時風味江左沈酣求名者豈識濁醪妙理回首叫雲飛風起不恨古人吾不見恨古人不見吾狂耳知我者二三子

京仲遠　名鏜豫章人　寧宗朝拜相有樂章名松坡詞

滿江紅 中秋前同二使者賞月

乘興西來問誰是平生相識算唯有瑤臺明月照人如昔万里清凉銀世界放教千丈氷輪出便招邀我輩上層樓橫孤笛　陰晴事人難必懽樂処天常惜幸星稀河淡雲收風息更着兩賢陪勝賞此身如寄塵寰隔笑謫仙對影足成三空孤寂

漢宮春 上元前一日立春

暖律初回又燒灯市井賣酒樓臺誰將星移万點月滿千街暉車細馬隘通衢蹴起香埃今歲好土牛作伴挽留春色同來　不是天公省事要一時壯觀特地安排何妨綵樓鼓吹綺席樽罍良宵勝景語邦人莫惜徘徊休笑我癡頑不去年年爛醉金釵

洞仙歌 次王漕賞海棠韻

東皇着意妙出鞋春手點綴名花勝於繡向魚鳧國裏廷分[illegible]
堂前仍共賞蜀錦堆紅炫晝　妖饒真艷麗盡是天然莫[illegible]
无香欠檀口奈今年風雨不吝摧殘還肯為遊人再三留否
算魏紫姚黃號花王若定價收名未應居右

賀新郎　中秋

試與常娥語問因何年二此夜月明如許方頃鎔成銀世界
是処玉壺風露又豈比尋常三五變化乾坤同一色覓星躔
斗柄皆回互須要我共分付　平生脚踏紅塵処謾紛二雜
戱厚薄燕鴻來去只有嬋娟多情在依舊當時雅素空自歎
歸心難住留取清光吡江畔照扁舟送我章江路頻滿引莫
匆遽

木蘭花慢　重九、

算秋來景物皆勝賞況重陽正露冷欲霜煙輕不雨玉宇開

張蜀人從來好事遇良辰不肯負時光藥市家〻簾幙酒樓処〻絲簧　婆娑老子〻興難忘聊復与平章也隨分登高茱萸綴席菊蘂浮觴明年未知誰健笑杜陵底事獨凄涼不道頰開笑口年〻落帽何妨

姚令威　名寛　西溪

○菩薩蠻　春愁

斜陽山下明金碧畫樓返照融春色睡起揭簾旌玉人蟬鬢輕　无言空佇立花落東風急燕子引愁來眉心那得開〻

○菩薩蠻　別恨

夢中不記江南路玉釵翠鬢驚春去午醉晚來醒暝煙花上輕　紅綃空浥淚錦字憑誰寄衫薄曉香銷相思雲水遥〻

憶王孫　春情

鬟二楊柳綠初低澹二梨花開未齊樓上情人聽馬嘶憶郎
歸細雨春風濕酒旗

生查子 情景

郎如陌上塵妾似堤邊絮相見兩悠揚蹤跡无尋処　酒面
撲春風淚眼零秋雨過了別離時還解相思否

踏莎行 秋思

蘋葉煙深荷花露濕碧芦紅蓼秋風急採菱渡口日將沉飛
鴻樓上人空立　彩鳳難双紅綃暗泣回紋未剪吳刀澁夢
雲歸処不留蹤厭二一夜涼蟾入

絶妙詞選卷之四

宋詞

吳子和 名礼之號順受老人錢塘人有詞五卷鄭國輔序之

喜迁鶯 閏元宵

銀蟾光彩喜稔歲閏正元宵還再樂事難并佳時罕遇依舊試灯何礙花市又移星漢蓮炬重芳人海尽勾引徧嬉遊宝馬香車喧隘 晴快天意教人月更圓償足風流債媚柳煙濃夭挑紅小景物迴然堪愛巷陌笑声不斷襟袖餘香仍在待歸也便相期明日踏青挑菜

○醜奴兒 秋别

金風顫葉那更餞别江樓聽凄切陽関声斷楚館雲收去也難留万重煙水一葉舟錦屏羅幌多應換得蓼岸蘋洲 凝

想恁時歡笑傷今萃梗悠〻謾回首妖饒何処眷恋无由先自悲秋眼前景物只供愁寂寥情緒也恨分淺也悔風流

杏花天 春思

悶來凭得闌干暖自手引朱簾高捲桃花半露胭脂面芳草如茵乍展 煙光散湖光瀲灩映綠柳黃鸝巧囀遙山好似宮眉淺人比遙山更遠

○雨中花

眷濃恩重長離永別憑誰為返香魂憶湘裙霞袖杏臉櫻唇眉掃春山淡〻眼裁秋水盈〻便如何忘得溫柔情態恬靜天真 凭闌念及夕陽西下暮煙四起江村漸入夜疏星映柳新月籠雲醞造一生清瘦能消幾個黃昏斷腸時候簾垂深院人掩重門

瑞鶴仙 秋思

風傳秋信至顫葉〻庭梧飄零皆砌年華迅流水況榮枯翻

手存亡彈指誰編故紙論古往英雄鬪智在當時喚做功名

到此尽成閑氣　何謂生爲行客死乃歸人世同驛邸十步

九計空撈摝謾兒戲忍都將有限光陰縈絆趁逐无窮天地

我直須跳出樊籠做个倘庭詞歸去高

鷓山溪感舊

劉郎老矣倦入繁華地觸目愈傷情念陳迹人非物是共誰

携手落日步江村臨遠水對遥山閑看煙雲起　買牛賣劍

便作兒孫計朋舊自榮華也拎我无名无利簞瓢鍾鼎等是

百年身空妄作枉迂回貪愛從今止

風入松江景

蘋汀蓼岸荻花洲占斷清秋五湖景物供心眼幾曾有一點

閑愁夢裏翩〻胡蝶覺來葉〻漁舟　謝郎隨分揔優游借

任沉浮恬然雲水无貪吝笑腰纏騎鶴楊州只恐丹青妙筆
寫傳難尽風流

漁家傲　閨思

紅日三竿鶯百囀夢回鴛枕離魂乱料得玉人腸已断眉峯
歛曉粧鏡裏春愁滿　緑瑣窻深難見面雲牋謾寫教誰傳
聞道笙歌歸小院梁塵顫多因唱我新詞勸

蝶恋花　春思

睡思猒〻鶯喚起簾卷東風猶未忺梳洗眼細眉長雲擁髻
笑垂羅袖熏沉水　媚態盈〻閑寧止只有江梅清韻能相
比詩酒琴碁歌舞地又還同醉春風裏

蝶恋花　别恨

急水浮萍風裏絮恰似人情恩愛无憑據去便不來〻便去
到頭畢竟成輕負　簾卷春山朝又暮鶯燕空忙不念花无

主心事万千誰与訴断雲零雨知何処

蝶恋花 春思

滿地落紅初過雨綠樹成陰紫燕風前舞烟草低迷縈小路

昼長人静扃朱戶 沉水香銷新剪苧敧枕朦朧花底聞鶯

語春夢又還隨柳絮等閑飛過東墻去

桃源憶故人 春暮

画橋流水飛花舞樓外斜風細雨紅瘦綠肥春暮腸断桃源

路 灌隨仙子乘鸞去鏤月裁雲何処唯有病和愁緒肯伴

劉郎住

謁金門 春晚

風乍扇簾外落紅千片飛尽落花春不管鬬喧鶯与燕 住

事上心撩乱睡起日高猶倦料得伊家情春三近來長夢見

霜天曉角 王生閨氏月夜共沉西湖賦此弔之

連環易缺難解同心結凝駐佳人才子情緣重拍離別　意切人路絶共沉烟水闊蕩漾香魂何処長橋月斷橋月

霜天曉角　秋景

西風又急細雨黄花濕摟枕一篙煙水蘭舟漾畫橋側　念昔空淚滴故人何処覓魂斷菱歌淒怨疎簾卷暮春山碧

生查子　斷句

吳山青越山相對摩今古象纜浙江亭回首西興渡　區二名利人无分香閨住匆遽促征鞍又入臨平路

鄭中卿

名域三山人號松窗慶元丙辰多隨張貴謨使虜有燕谷剽聞兩卷記虜中事甚詳

畫堂春　春思

東風吹雨破花慳客氊曉夢生寒有人斜倚小屏山蹙損眉彎　合是一釵双燕却成兩鏡孤鸞暮雲脩竹淚留殘翠袖

凝斑

桃源憶故人　春愁

東風料峭寒吹面低下綉簾休卷憔悴怕它春見一任鶯花愁　新愁不愛詩排遣塵滿玉毫金硯若問此愁深淺天闊浮雲遠

念奴嬌　戊午生日作

嗟來咄去被天公把做小兒調戲踸踔龍庭歸未久還促炎州行李不半年間北胡南越一万三千里征衫着破着衫人可知矣　休問海角天涯黄蕉丹荔自足供甘旨泛緑依紅无个事時舜斑衣而已　教蟻藤橋養魚盆沼是亦經綸耳伊周安在且須李老萊子

昭君怨　梅花

道是花來春未道是雪來香異水外一枝斜野人家　冷淡

竹籬茅舍富貴玉堂瓊樹兩地不同栽一般開

浣溪沙 別恨

酒薄愁濃醉不成夜長欹枕數殘更嫩寒時節過燒灯已

自孤鸞羞對鏡未能双鳳怕聞笙莫教吹作別離声

謝勉仲 名懋號靜寄居士有樂章二卷吳坦伯明爲序稱其片言隻字戛玉鏗金醞藉風流爲世所貴云

憶少年 寒食

池塘綠遍王孫芳草依二斜日游絲捲晴晝繫東風無力蝶趁幽香蜂釀蜜秋千外卧紅堆碧心情費消遣更禁花寒食

石州引 別恨

日脚斜明秋色半陰人意淒楚飛雲特地凝愁做弄晚來微

雨誰家別院舞困纖[illegible]霜紅西風送客閒砧杵鞭馬出都門
正潮平洲渚　无語匆匆二短棹蒲載離愁片帆高峯京洛紅
塵因念幾年羈旅淺[illegible]車輕笑風月逢迎別來誰畫双眉嫵回
首一餉凝望歸鴻容[illegible]

洞仙歌　春雨

愁邊雨細濛二天如醉　搖颺遊絲晚風外釀輕寒和暝色花
柳難勝春自老誰管啼紅斂翠　閑情恭入夜斜湿簾櫳幾
処挑灯耿无寐念陽臺當日事好伴雲來因箇甚不入襄王
夢裏便添起寒潮搭長江又恐是離人斷腸清淚

杏花天　春思

海棠枝上東風軟蕩香色煙光弄暖双二燕子歸來晚零落
紅香過半　琵琶淚揾青衫淺念事沔危腸易斷餘醒未解
扶頭懶臥裏瀟湘夢遠

畫堂春　秋思

西風庭院雨垂垂黃花秋閏遲已涼天氣未寒時才褪單衣睡起枕痕猶在鬢鬆釵壓雲低玉奩重拂淡胭脂情入双眉

武陵春　惜別

門掩東風人去後愁損鷰鶯心一朶梅花淡有春粉黛不妝匀我亦青樓成倦客風月強追尋莫把恩情做弄成容易亭行雲

霜天曉角　桂花

綠雲剪葉低護黃金屑占斷花中声譽香与韻兩清潔　勝絕君聽說是它來処別試看仙衣猶帶金庭露玉階月

風流子　行樂

少年多行樂方豪健何処不嬉遊記情深艷波暖香斜徑醉

謝勉仲

搖鞭影撲紫青樓難忘是笑歌偏婉娩鄉號得溫柔嬌兩娛雲旋覓衣帶賸風殘月都在眉頭　一成樵悴損人驚怪白引鏡堪羞誰念短封難托征鴈虛浮念夜寒灯火懶尋前夢簾涵窗風雨供斷閑愁情到不堪言處却悔風流

念奴嬌 中秋呈徐叔至

霽天湛碧正新涼風露冰壺清徹河漢无声光練一湧出銀蟾孤絕岩桂香飄井梧影轉冷浸宮袍潔西廂往事一簾輕夢淒切　腸斷楚峽雲歸尊前无緒知有愁如髮此夕常娥應也恨冷落瓊樓金闕桀漏俗二邊鴻杳二幽意憑誰訣闌干星斗落梅三弄初闋

○鵲橋仙 七夕

鈎簾借月染雲爲幌花面玉枝交映凉生河漢一天秋問此會今宵孰勝　銅壺尚滴燭龍已駕淚浥西風不盡明朝烏

鵲到人間試說向青樓薄倖

趙文鼎

名善扛號解林居士詩詞甚富蓋趙德莊之流也

傳言玉女　上元

璧月珠星輝映小桃穠李化工容易與人間富貴東風巷陌春在暖紅溫翠人來人去笑歌聲裏　油壁青驄第一番共燕喜峯頭天上有月如人意歌傳樂府猶是昇平風味明朝須判醉眠花底

好事近

風動一川花搖瀁影迷紅碧人立杏花陰下泛光風襟袂二瓊枝璧月互相輝春容泫將久羅蓋暗承花露漬鮫綃香濕

重疊金　春遊

楚宮楊柳依□碧遙□山翠隱横波溢絶艷照穠春□光欲醉

人、纖〻芳草嫩微步輕羅襯花戴滿頭歸遊蜂花上飛、

重疊金　春思

玉關芳草粘天碧春風万里思行客驕馬向風嘶道歸猶未
歸、南雲新有鴈望眼愁邊斷膏沐為誰容倚樓煙雨中、

重疊金　春宵

一川花月青春夜玉容依約花陰下、月照曲闌干、紅綃浥露
寒、袖香溫素手意鑠金卮酒香遠繡簾開畫樓吹落梅、

十拍子　上叱

柳絮飛時綠暗荼蘼開後春酣花外青帘迷酒思陌上晴光
收翠嵐佳辰三月三　解佩人逢遊女踏青草鬪宜男醉倚
畫欄〻檻北夢遶清江〻水南飛鴛与並驂

青玉案　春暮

一年陌上尋芳意想人在東風裏褪粉銷紅春有幾青翰飛

去燕雲凝佇往事如流水　煙横極浦山无際暗解明璫問
誰寄鄉在温柔何処是輪囷香霧静深庭院簾影參差翠

燭影揺紅　時江右有懐

桃李墻頭向人都佀他年意發絲千丈颺晴光駘蕩春无際
花氣薫然自醉傍垂楊行〻緩轡倦遊无奈回首巫山歸期
猶未　玉鎖樓空鳥啼花外東風起少年恩怨付波流臨望
朱闌倚徧〻塵生客袂對尊前高情暫寄洞天一笑仙馭乗
空姑蓬凝翠

謁金門　春情

新雨霽閑遍滿園桃李波暖池塘風細〻一双花鴨戲　喚
起春驕睡美扶醉宿粧慵理移步避人花影裏繡裙低窣地

宴清都　餞明遠兄縣丞棻满赴調

踈柳无情緒都不管渡頭行客欲去猶依賴裙玉光万頃為

人留住相從歲月如驚歎回首離歌又賦更牽自斜照從二
西風剪二秋墅　君行定憶南池歌筵舞地花晨月午八磚
步日三雍奏樂送君雲路別情未抵遺愛試聽取湖山共語
便可能無意同傾一尊醪醑

小重山　別情

汲水添瓶恰換花蜂兒争要採打窗紗青春誰与度年華絃
索暗无緒幾曾拏　春思正交加馬蹄声錯認客還家花殘
欲寫寄天涯羞人見羅袖急忙遮

感皇恩

七十古來稀吾生已半莫把身心自縈絆據他緣分且恁隨
時消遣但知逢酒飲逢花看　林泉有約風光无限日上花
梢起來晚芒鞋竹杖信步水村山館更尋三兩个清閑伴乙
未生朝作

賀新郎 夏

晝永重簾卷乍池塘一番過雨芰荷初展竹引新梢半含粉綠蔭扶疎滿院過花絮蜂稀蝶懶怱戶沉沉人不到伴清幽時有流鶯囀疑思久意何限　玉釵墜枕風鬟亸湛虛堂壺氷瑩徹簟波寒乱自是仙姿清无暑月影空垂素扇破午睡香銷餘篆一枕湖山千里夢正白蘋煙棹歸來晚雲弄碧楚天遠

喜遷鶯 春宴

韶華駘蕩看化工尽力安排春仗薄霧霏煙軟風輕日物態与人交暢鳥声弄巧千調樓影垂空十丈乱花柳綵室鈿纓絡綵絲帷帳　佳賞輝艷冶笑語盈盈花面交相向歌運長纈酒凝深碧和氣盎然席上好春易苦風雨人意難逢舒放但拍掌醉陶然一笑忘形天壤

趙德莊 名彥端號介庵官龍圖

瑞鶴仙

記河梁折柳問畫堂樂事燕鴻難偶十年謾回首但亭亭紫蓋差差南斗傳聞小有種桃花親傾素手推歸來道骨仙風縹緲迥然非舊　清晝江南如畫紫菊冬前翠橙霜後扁舟渡口佳客至奉名酒喚青鸞起舞雲窗月罅一曲山明水秀笑相看玉海別來淺如故否

祝英臺近 春根

歎金寒簾玉潤梅雲印苔紫春意如人易散苦難聚幾多絲竹深情池塘幽夢猶倚賴与春同住　舊游处誰喚別浦仙帆風前問征路煙雨連江吹恨正无數莫教紫燕歸來彩雲閑後空悵望主人歸去

清平樂 閨思

桃根桃葉一樹芳相接春到江南三二月迷損東家胡蝶 殷勤踏取春陽風前花正低昂与我同心支子報君百結丁香

鵲橋仙 紅白蓮

藕花塘上无塵无暑灔灔一池秋浄綠羅宝盖碧瑤簪翠浪裏重重月影 一家姊妹兩般粧束濃淡施朱傳粉夜深風露逼人寒問誰在牙床酒醒

謁金門 春半

春已半綉綠新紅如換燕子還來簾幌畔閑愁天不管 翠被曲屏香滿花葉彩成人遠鵲喜蛛絲都未判連環空約腕

黄子厚

名銖號穀城翁与朱文公爲友喜作古詩樂章甚少其母孫夫人能文有詞見前唐宋[illegible]

江神子 晚泊分水

秋風嫋〻夕陽紅晚烟濃暮雲重万疊青山〻外叫孤鴻獨
上高樓三百尺憑玉楯睇層空　人間日月去匆〻碧梧桐
又西風北去南來銷盡幾英雄擲下一杯天外去多少事不
言中

菩薩蠻　夜宿崇安縣第三鋪聞吹簫

海山翠疊青螺淺暮雲散盡天容遠匹馬度江皐北風生怒
號　解鞍棲倦翮皓月空庭白何処小闌干玉簫吹夜寒

漁家傲　朱晦翁示歐公鼓子詞戲作一首

永日離憂千万緒雪舟遠泛清漳浦珍重故人寒夜語揮玉
塵沈〻畫閣凝香霧　風砌落花留不住紅蜂翠蝶閑飛舞
明日柳營江上路雲起処蒼山万疊人歸去

趙昌甫　名蕃號章泉負天下重望屢召不起劉後村
所謂一生官職監南岳四海詩名仰玉山者

此也　小重山寄劉叔通　先生序云小重山一闋傳聞叔通吾兄間留建城衙盃之際可令歌以酌我

否

何地无溪紙欠人有翁年八十住其濵直鉤元不事絲緡優游亦聊以遂吾身　陶令賦歸辰未甞輕出入犯風塵江州太守獨情親廬山醉誰主復誰賓

菩薩蠻　送游季仙歸東陽

雞声茅店炊殘月板橋人跡霜如雪此是古人詩身經老忘之　君行當此境今我皆成醒乗月犯霜來詩真誤亦哉

韓仲止

名淲　號澗泉　南澗先生之子

賀新郎　梅

梅已依俙矣歲華深脩然向晚杖藜獨倚山遠荒林黄葉墜落日孤城烟水意与誰如何則是底事跡枝横絶峭未吹香便与花相似不忍折爲之喜　寒鴉數點霜風裏正人家園收芋栗小禮初美欲飲可誰同一醉擬賦才成又小老態度渾侵鬢齒摸索孤根春在否任紅〻白〻皆桃李空爛熳豈能尔

易彦祥 名祓長沙人 寧宗朝狀元

驀山溪 春情

海棠枝上留得嬌鶯語双燕幾時來並飛入東風院宇夢回芳草緑遍舊池塘㸔花雪桃花雨畢竟春誰主　東郊拾翠襟袖霑飛絮宝馬趂彫輪乱紅中香塵滿路十千斗酒相与買春閑吳姬唱秦娥舞拚醉青樓暮

喜遷鶯　春感

帝城春晝見杏臉桃腮胭脂微透一霎兒晴一霎兒雨正是催花時候淡烟細柳如畫雅稱踏青携手怎知道那人人獨倚闌干消瘦　別後音信斷應是淚珠滴遍香羅袖記得年時臙脂兒畔曾把牡丹同嗅故鄉水遥山遠怎得新歡如舊強消遣把閑愁推入花前盃酒

蔡行之

名幼李號溪園永嘉人　壬辰南宮進士第一

好事近　送春

日日惜春殘春去更无明日擬把醉同春住又醒來岑寂　明年不怕不逢春嬌春怕无力待向灯前休睡与留連今夕

陳同甫

名亮永康人　光宗朝狀元

水龍吟 春恨

鬧花深処層樓畫簾半捲東風軟春歸翠陌平莎茸嫩垂楊金淺遲日催花淡雲閣雨輕寒輕煖恨芳菲世界游人未賞都付与鶯和燕 寂寞憑高念遠向南樓一声歸鴈金釵鬪草青絲勒馬風流雲散羅綬分香翠綃封淚幾多幽怨正銷魂〻又是疎烟淡月子規声斷

洞仙歌 雨

瑣窻秋暮夢高唐人困獨立西風万千恨又簷花落処滴砕空堦芙蓉院无限秋容老尽 枯荷摧欲折多少離声鎖斷天涯訴幽悶似蓬山去後方士來時揮粉淚點〻梨花香潤斷送得人間夜霖鈴更桒落梧桐孤灯成暈

虞美人 春愁

東風蕩颺輕雲縷時送瀟〻雨水邊臺榭燕新歸一口香泥

濕帶落花飛　海棠糝徑鋪香綉依舊成春瘦黃昏庭院柳啼鴉記得那人和月折梨花

眼兒媚　春愁

試灯天氣又春來難說是情懷寂寥聊似揚州何遜不爲江梅　扶頭酒醒炉香灺心緒未全灰愁人最是黃昏前後烟雨樓臺

思佳客　春感

花拂闌干柳拂空花枝綽約柳鬆鬆蝶翻淡碧低邊影鶯囀濃香杪処風　深院落小簾櫳尋芳猶憶舊相逢橋邊携手歸來路踏皺殘花幾片紅

清平樂　秋晚伯成兄往龍興山中意其登山臨水不无閒放之思作此詞惱之

銀屏綉閣不道鮫綃薄嘶騎匆匆塵漠漠還過夕陽村落

乱山千疊无情今宵憑斷愁人兩処香消夢覓一般曉月愁声

滴滴金　梅

斷橋雪霽聞啼鳥對林花弄晴曉晝角吹香客愁醒見梢頭紅小　團酥剪蠟知多少向風前壓春倒江嶂人烟畫圖中有短篷香繞

李居厚

名廷忠自號橘山長於四六有樂府一卷然多是獻壽之詞

水龍吟　壽宰国太守王大卿正月二日

風流最數宣城奇山秀水神仙府琴高臺畔花姑壇上鸞翔鳳舞春度玉墀月昇金掌紫分銅虎想少陵知有異人間出三百載留佳句　歲歲椒盤分巿到明朝又還重午陽和散作千岩瑞雪兩溪甘雨汲取恩波釀成祿酒慶公初度有東

風傳報都人已爲築沙堤路

沁園春 劉揔幹會飲同寮出示新詞席上用韻

幕府增輝前度劉郎又還到來看芙蓉池畔神凝秋水綺羅叢裏驩動春雷彩筆新題金釵半醉當日英雄安在哉開筵処是真仙福地不著纖埃 堪怜勸客情懷聽吹竹彈絲金奏諧有黄花插鬢何妨欹帽緑橙醒酒莫惜空罍坐上䟱狂簾間姝麗應想横波一笑回停杯〃待嬌歌緩勸婦騎休催

水調歌頭 武昌南樓落成次王漕韻

撫景幾今古遺恨比江山百年形勝但見幽草雜枯菅多少名流登覽頼有神扶壞棟詩墨尚斑〻風月要磨洗頓我巳衰顔 擎天手携玉斧到江干一新奇觀須容觴詠有餘閒烟草半川開霽城郭兩州相望都在畫屏間便擬騎黄鵠直上扣雲關

滿江紅 上饒帥樂秘閣生日

玉帳西來道前是繡衣使者游覽処秋風鼓吹自天而下湘水得霜清可鑒巫峯過雨森如畫有神仙佳致在胷襟真蕭洒 荆州宅元元價要門政長多暇聽談兵樽俎百川傾瀉此日壽觴容我勸它年樞柄還公把趂桂花時節去朝天香隨馬

鷓鴣天 九日南樓和范總幹韻

檻外長江浪拍空蕭〻紅蓼白蘋風三秋告稔三農慶九日追摧九客同 烟渚北月岩東莫嫌光景太匆〻登龍戲馬英雄事都在南樓一嘯中

踏莎行 趙寬夫十二月十二日生賦此為壽

星野涵輝雲峯環翠南園迎臘開梅蘂瑶臺仙子笑相逢金釵行裏拚沉醉 照乘驪珠出關天驥相隨壽母多年紀春

風侍宴宝花樓五枝七葉都榮貴

李知幾 名石 號方舟

臨江仙 夜景

煙柳疎疎人悄悄　畫樓風外吹笙　倚欄聞喚小紅声　薫香臨欲睡　玉漏已三更　坐待不來來不去　一方明月中庭　粉墻東畔小橋橫　起來花影下　扇子撲飛螢

長相思 春思

花飛飛　絮飛飛　三月江南烟雨時　樓臺春樹迷　双鴦兒双燕兒　橋北橋南相對啼　行人猶未歸

漁家傲 贈鼎州官妓

西去征鴻東去水　幾重別恨千山裏　雲交纔綠窗愁書半紙　何处是　桃花溪畔人千里　瘦玉倚香愁黛翠　勸人須要人先醉

閒道明朝行也未猶自記灯前背立偷垂淚

出塞 夜夢一女子引扇求字爲書小闋

花樹ニ吹碎胭脂紅雨將謂郎來推綉户暖風摇竹塢 睡起闌干凝佇漠ニ紅樓飛絮剗踏襪兒垂手処隔溪鶯對語

游子明

名次公建安人號西池范石湖帥桂林日西池實參内幕有唱酬詩卷

賀新郎 月夜

斗柄回秋律素蟾飛氷霜万里滿川金碧得月偏多何処是推有橋南箏一正野迥西風寒寂丹桂婆娑疏影在想微瑕未累千金璧河漢遠遂潛无迹 知君有句酬佳夕候高歌胡床自倚露溥珠溢坐到參横星欲闇隱ニ天低似笠但絡緯悲啼催織吟詠凄凉翻有恨歎知音人遠空追憶誰爲問鄭莊驛

賀新郎　宮詞

暖靄浮晴籞，鎖垂楊、龍池草閣，万絲千縷。池上曉光分宿霧，日近羣芳易吐。尋並帶、闌干凝竚。不信釵頭飛鳳去，但宝刀、被妾留還住。天一笑，万花妬。　阿嬌正好金屋貯。甚西風、易得蕭疎，扇鸞塵土。自昭陽宿玉户，墻角土花无數。况多病、情傷幽素。別殿時聞簫鼓奏，望紅雲、冉冉知何処。天尺五，去无路。

滿江紅　丹青閣

一舸歸來，何太晚、鬢絲如織。謾歎息、凄凉往事，尽成陳迹。山迫暮烟浮紫翠，溪摇寒浪翻金碧。看長虹、渴飲下青冥，危欄濕。　誰可住，烟蘿側。俗士駕，當回勒。伴岩扃須是，碧雲仙客。風月已供无尽藏，溪山更衍清凉國。恨謫仙、蘇二不曾来，无人説。

危逢吉 名禎，自號巽齋

水龍吟 慶斉年諸丈

洛陽九老圖中，當時司馬年猶小。爭如今夕，峯盃相勸，十人齊壽。巳幸同庚，何分雌甲，本无多少。但有頭可白，无愁可解，只如此，都嬴了。 慶祉十年還又，更十年、依前難老。侭教百歲，做人高祖，見孫白首。却要從今，探梅脚健，看山眼好。賴天公頓得，東園長在，陪歌陪酒。

漁家傲 和晏虞卿詠侍兒彈箜篌

老去諸餘情味淺。詩詞不上閑釵釧。宝幌有人紅两靨。簾間見。紫雲元在梨花院。 十四條絃音調遠。柳絲不隔芙蓉面。秋入西窻風露晚。歸去懶。酒酣一任烏巾岸。

沁園春 壽許貳車

籍甚声名門闌相種文章世科筭當年瑞世正當夏五仙家
毓德全是春和底事屛星着之海嶠奈此騰驤足何君知
否看飛來丹詔徑上鳶坡　殷勤携酒相過要灩灩浮君金
叵羅嘆同心相契古來難覓二年同処意掛无它如此平分
支數添个也自清風明月多拚沉醉任光浮綠鬢笑滿紅渦

絕妙詞選卷之四